JN172653

自分らしく
働けない人のための
「生き方提案」

キャリア迷子

小林さとる
キャリアコンサルタント／公認心理師

はじめに

「いまの仕事を続けていても、将来に希望が持てない。かといって、他にどんな仕事をすればいいのかもわからない」

「自分なりに一生懸命働いているが、なかなか結果が出せず社内で評価してもらえない」

「出産・育児で休業したら、仕事に復帰できないかもしれないと思うと不安」

「仕事がハードでつらいが、家族の生活を思うと、給料が下がる可能性が高い転職に踏み切れない」

「自分がなりたいと思っていた職業に就いたが、実は違っていたのではないかと感じている」

ほとんどの人が一度や二度は、感じたことがあるのではないでしょうか。

このような迷いや悩みに直面している状態を、本書では「キャリア迷子」と呼びます。

本書は、「キャリア迷子」の状態にある皆さんの気持ちが少しでも楽になり、前向きにキャリアを考えることができるようになるためのヒントをまとめたものです。

はじめに

自分という人間は世界に一人しかいません。この「自分」がどのように働くことが正しいのか、もっといえば、仕事も含めた人生すべてをどのように生きるのかという問いに対して、誰にでも当てはまる「唯一の正解」は存在しません。

100人いれば、100通りの人生があり、100通りの正解があります。自分にとっての正解を決められるのは、自分だけです。だから、迷い、悩むのも当然のことなのです。

自分の仕事や生き方（キャリア）について、自分らしい正解を探し求め、実現していくことを、本書では「キャリアデザイン」と呼んでいます。

ただ、この「キャリア」という言葉、どこか「上昇志向」「出世主義」「勝ち組」といったイメージを持たれがちです。

たとえば「キャリア組」「キャリアアップ」「キャリア開発」などの言葉からも、それは明確に感じられます。

しかし、本来「キャリア」とは、仕事における出世の道といった狭い意味の言葉ではなく、もっと広い、いわば「人生の歩き方」といった意味を持つ言葉なのです。そのため、本書で提唱している「キャリアデザイン」は、決して「上昇していくための仕事選び（いわゆるキャリアアップ）」といった狭い意味で使うのではなく、ポジティブな「キャリアダウン」、つまり、収入が下がったとしても働きがいや満足度が高くなる仕事に就くという選択も含めた意味で使うようにしています。

キャリアについて不安や悩みが生まれ、迷子になったとき、このような広い視野でキャリアを考えることができれば、その迷路から抜け出しやすくなるでしょう。やはり、ずっと迷子のままよりは、そこから早く抜け出していくほうが、気持ちが楽になります。

私は、キャリアコンサルタントとして、これまで約３８００名以上の求職者に対して、キャリアデザインの考え方をお伝えし、その方たちが自らのキャリアをデザインすることのお手伝いをしてきました。現在はいくつかの大学で、キャリアデザインの科目も担当しています。

私がキャリアと向きあおうと思ったきっかけは、私が２００２年に起業し立ち上げたパソコンスクールで、求職者を対象とした職業訓練を始めたことでした。講師として指導にあたるなか、メンタルヘルス不調を抱える求職者の方が年々増加していくのを目の当たりにしました。すでに取得していたキャリアコンサルタントの資格だけでは知識が不足していると感じたので、より専門的な知識（心理学・キャリアデザイン学）を得るために大学院への入学を決心しました。

そこで学んだ理論や考え方は、多くの人にとって、キャリア選択や人生の局面において知っていると有益だと思えるものでした。そして、一人ひとりがこうした知識を持つことで、メンタルヘルス不調を抱えずに済む可能性もあるのではと考え、日々のカウンセリングや講義のなかで、キャリア理論やその考え方を受講者の方向けにわかりやすく伝えることを続けています。

そうしたなかで、キャリアについて誰もが悩むポイントや、その悩みを解消するための「気づきのコツ」みたいなものがあると感じるようになりました。

繰り返しになりますが、最終的に自分のキャリアをデザインしていくのは自分自身です。しかし、そういわれても、最初は何から手をつけて、どう考えていけばいいかまったくわからないことが普通でしょう。

そこで、私が多くの求職者の方に接してきた経験から、「これを知っていればキャリアデザインを描いていく上で必ず役立つだろう」と思われる、考え方のポイントやコツをまとめたのが本書です。

もちろん、この一冊を読めば「キャリアについての悩みはすべて解決！」というわけにはいきません。しかし、少なくとも、「キャリア迷子」に陥っている方にとって、どう考え、どう行動していけばよいのかについての「ヒント」はいくつか得られるのではないかと思います。

本書が、皆さまの幸せなキャリアデザインのために、少しでもお力になれることを、著者として願ってやみません。

contents

第2章 そもそもキャリアって何だろう？

第3章

これからの働き方と仕事

第4章

キャリアデザイン思考を身につけよう

第5章
キャリアデザインの手本

第1章

キャリア迷子が増えている

キャリアで悩み、人生の方向性に迷っている人びと

私は、ＩＴ系や簿記会計を中心とした公共職業訓練の講座を受託し運営する会社を経営しています。これまで20年近くにわたって、数多くの講座を実施し、のべ３８００名以上の方に受講していただきました。

公共職業訓練は、ハローワークで申込みをした求職者を対象に行われるものです。ですから受講者は、基本的には新たな仕事に就くための準備期間として、知識や技能の習得にチャレンジしようしている人たちです。多くの人は、より充実したキャリアを作っていこうと考えて、前向きに取り組んでいます。

しかし、受講者の方のなかには、それまでのキャリアが原因で、肉体的にも精神的にも少し疲れてしまっていて、なかなか自身のスキルアップに積極的、主体的に取り組めないという人もいます。また、積極的に取り組みたい気持ちはあるのだけれども、具体的にどのような方向で取り組めばよいのかわからず、迷い続けているような人もいます。あるいは、「とりあえず生活をするために働ければいいや」という気持ちで次の就職先を選んでしまい、後悔をしている人もいます。

本書ではこのように、これからどんなキャリアを目指すべきなのかがわからず、立ち止まったり、あれこれいろいろな仕事に就いて失敗したり、またそこから軌道修正を図ろうとしたりして、迷いや悩みに直面している状態を、「キャリア迷子」と呼びます。

ここ数年、求職者の方たちと接しながら、私は以前よりも明らかに「キャリア迷子」になっている人たちが増えてきていると感じています。

本書を手に取られた皆さんも、自分のキャリアについて「どうしたらいいのだろう?」という悩みや不安を多かれ少なかれ抱えているのではないでしょうか。

さまざまなタイプの「キャリア迷子」

人が「キャリア迷子」になってしまうとき、そこに至るまでには、その人の置かれている状況や人生観、価値観などを含め、さまざまな背景や経緯があります。

ここでは、いくつかのケースをご紹介します。

社内で望ましくない部署異動や左遷を経験した人

日本では、ほとんどの人が企業などの組織に勤める、いわゆるビジネスパーソンとしてキャリアをスタートさせます。入社した当初は、たとえば「商品企画部で働きたい」とか、「〇〇歳までにこのポストに就きたい」といったような理想を多少なりとも思い描いている人が多いのではないでしょうか。

しかし、企業などでは、必ずしも自分の望み通りのキャリアを築けるとは限りません。本人は頑張っていたとしても、なかなか希望通りの昇格ができないこともあれば、希望の部署に入れないこともあります。場合によっては、これまでよりも低い地位や閑職に移される、つまり左遷や降格になることもあります。このように、自分で望んだわけではない異動、配置転換など「会社の都合」だけで、キャリアパスが変更させられてしまうことは、本当によくあります。

このような処遇を受けたとき、多くの人は仕事に対するやりがいやモチベーションを失い、それが転職・退職のきっかけになることも少なくありません。また、人によっては自分自身を否定されたかのように感じ、精神的に大きなダメージを受けてしまうこともあります。

会社の人事というのは、基本的には、どのように人材を配置したら組織にとって最大の成果が出せるのかを考えて行われるものなので、そこに個人の希望が入る余地はなかなかないというのが現状です。仕事ができる人なら希望が通るかといえば、そうともいえません。

自分のキャリアを自分で選択できないという状況で、仕事に対し前向きな気持ちを保つのは容易なことではありません。やりがいを失い、迷子になってしまうのも無理はないことだと思います。

出産、育児でキャリアを中断せざるを得なくなった人

とくに女性に多いのは、子どもの出産や育児をきっかけに、それまでのような働き方ができなくなり、キャリアの見直しをせまられるケースです。

結婚して子どもが生まれても共働きを続ける夫婦が増えているなか、多くの働く女性にとって、出産・育児にともなう長い期間のビジネスキャリアの中断は大きな悩みのタネとなります。

たとえば、育児休業が終わったあと、職場でもとの業務、職位への復帰が叶わなかったり、いわゆるマミートラック（育児休業復帰後の女性が自分の意思とは関係なく出世コースから外されること）に乗ってしまったりすることが問題になっています。

近年、男性の育児休業の取得も進みつつありますが、2020年度の男性の取得率は12・7%、女性は81・6%と、まだまだ女性のほうが多く、仕事への復帰について悩む人が多いのが現状です。

厚生労働省の調査によれば、育児休業からの復帰率は89・5%となっており、多くの人がも

との職場に復帰していることになります。しかし、そのなかには育児や家事との両立のため、時短勤務にしたり、雇用形態を正社員からパートに変更したりするなど働き方の調整を行う人が多くいます。また、人によっては、育児休業期間を過ぎたあとも、子どもが2～3歳と小さいうちは、ずっと一緒にいたいと考える場合もあるでしょう。この場合も、改めて今後のキャリアの見直しというのは必要となります。

さらに、育児休業を機に転職をしようと考える場合、ブランクが長ければ長いほど再就職へのハードルは高くなり、選べる仕事も限られてくる傾向にあります。そして新たに仕事に就く場合、やはり育児などとの両立を考えて、パートや派遣社員など、非正規雇用として働くことを選択する人が多くいます。

このように出産・育児によって、一時的にキャリアを手放さなければならない、あるいは、第一線で働き続けることを諦めなければならない状況を、「キャリアの中断」と感じてしまう人もいるでしょう。再就職するにあたっても、自分が望むような仕事や、育児との両立ができる仕事が見つからないなど、思い通りにはいかない場合もあります。出産し、子どもを育てていくことは素晴らしいことですが、キャリア形成においては、まだまだマイナスと捉えられてしまうことが多いのが現状です。

役職定年、定年退職など、制度上の転機を迎えた人

60歳や65歳のシニア世代の方も、キャリア迷子になる人はいます。

意外に思われるかもしれませんが、私たちが実施している公共職業訓練にもその世代の方は多く通われています。公的年金の受給開始を75歳まで繰り下げられるようになったことや、そもそもの平均寿命がのびたことで、老後の生活のために、あるいは社会とのつながりを持ち続けたいなどの理由で、定年退職後に再就職を希望する人が増えているのです。

しかし、ビジネスキャリアの〝第二幕〟を順調にスタートできる人ばかりではありません。60代を対象とする正社員の求人は少なく、再就職先では契約社員やパートタイムとしての雇用となるのが大半です。そのため、給与も前職より下がってしまう傾向にあり、自身が納得できるような仕事内容や待遇の仕事が見つからず、再就職するまでに時間がかかってしまう方もいます。

多くの日本企業では、長い間60歳定年制度が採用されてきましたが、２０２1年に高年齢者雇用安定法が改正されたことにより、２０２5年までにすべての企業で65歳までの雇用確保が義務付けられることとなりました。70歳までの就業機会の確保も努力義務となり、定年制そのものを廃止するような動きもあります。

このような背景もあり、定年後、これまでの会社に再雇用という形で勤め続ける人も多くい

ます。しかし、これまで任されていた仕事から外されたり、定年前より職位や給与が下がったりすることで、不満やストレスを抱えるといったケースも少なくありません。

また、それより前の55歳くらいに、役職定年となることで同じ様な状態に陥ってしまうこともあります。こちらの場合も、社内では一定の地位にあり、部下もいて管理的な立場にあった人が、役職を解かれて部下がいなくなったり、給与が下がったりして、仕事へのモチベーションが下がり、結果的に本人のアイデンティティにも大きな影響を及ぼすことがあります。

役職定年とはならなくても、50~55歳くらいで給与がピークになって、そこからあとは徐々に下がっていく企業も多いです。

なかには、自分はそんな待遇に甘んじることはできないと、50代前半で早期退職して、転職を図る人もいます。その際に、しっかりしたキャリアの見通しを持って退職、転職をするのであればよいのですが、必ずしもそういう人ばかりではありません。やはり給与など待遇の面で、これまで通りもとの会社に勤め続けていたほうがよかったと、あとになって後悔する人もいるのです。

自身の怪我や病気といった問題が発生した人

自分が病気になる、あるいは事故などによる怪我が原因で、キャリアの大きな変更や中断を余儀なくされるケースです。

今は健康に働けていても、予期せぬ怪我や病気の治療のために、一定期間仕事を休まなければならなくなる場合があります。短い期間で完治し、もとの仕事に復帰できればまだよいですが、病気の種類や症状の重さによっては長期の入院・治療が必要となり、結果的に退職を余儀なくされるケースもあります。

また、通院しながら仕事を続ける場合も、気力、体力の低下により以前と同じように働けなかったり、職場に迷惑をかけたくない、理解を得られないなどの理由で、部署の異動や雇用形態の変更を申し出ることになったり、身体に負担をかけずに働ける仕事に転職するなど、結果的にキャリアに大きな影響が出ることもあります。

独立行政法人労働政策研究・研修機構の調べによると、病気により退職した人のうち、「がん」が42・7%ともっとも多く、次いでうつ病などの「メンタルヘルス」(42・3%)、「脳血管疾患」(41・6%)となっています。

がんは、日本人の二人に一人はなるといわれている身近な病気です。かつては「不治の病」ともいわれ、こうした調査結果からも「がんになったら働けない」と考える人も少なくないと思いますが、いまは医学の進歩によって生存率も上がり、仕事を続けながらがんの通院治療をしている人は日本に約32万5000人いるとのことです。

労働人口の高齢化が進むなか、がんに限らず、病気の治療を受けながら就労する人は、今後も増えていくと予想されています。厚生労働省の調査から、すでに日本の労働人口の約3人に一人が、何らかの疾患を抱えながら働いていることがわかっています。病気を抱えながらどのように自身のキャリアを考えていくのかという課題は、決して他人ごとではありません。

親の介護が発生した人

親の介護をする必要にせまられたことで、自身の働き方を調整、あるいは休職、退職しなければならないケースもあります。

日本における要介護の高齢者の数は、2021年時点で666万人（第1号被保険者のみ）。高齢化の進展により、今後も増え続けると見込まれています。そして、厚生労働省の調査では、要介護の高齢者のうちおよそ5割の人が、主な介護者は同居の親族と答えています。

現在、「介護離職」が社会問題化しており、毎年10万人近くが家族や親族の介護を理由に仕事を辞めているといわれています。公共職業訓練にも、家族の介護のため離職したという方が男女問わず来られています。最近では、離れた実家で暮らす親の介護のために、早期退職する人も増えているようです。

また、介護される人によっては、終日の介護は必要とせず、同居する家族は必要なときにだけ手を貸したり、一日の介護時間が2～3時間程であったりします。そのため、離職はせず、仕事を続けながら介護をする人も多く、総務省統計局の調査によると、家族の介護をする人の約6割が介護と仕事の両立をしているそうです。

心身ともに負担の大きい介護生活のなか、どうしても気持ちが離職に傾いてしまうという方も多いと思いますが、今後の生活を考えると、できるかぎり仕事と両立させることが必要となります。しかし、いつまで続くかわからない介護生活、働き方にも制限のあるなか、自身のキャリアについて希望を持ちにくく、前向きに考えられなくなっているという人も多いのです。

メンタルヘルス面で不調を抱えている人

仕事でのストレスや悩みが原因で、メンタルヘルス不調に陥ってしまうケースです。

私たちが実施している公共職業訓練は1クラス、20～30名ほどで実施していますが、現在はこのなかの、だいたい1、2割程度の人がメンタルヘルス不調を抱えていると感じています。これはきちんとデータを取ったわけではなく、あくまで接して、話してみてわかった範囲です。もしかすると、それを隠している人もいるかもしれず、実際にはもっと多い可能性があります。

職場において、なにか強いプレッシャーをかけられたり、心が傷つけられたりすると、人はメンタルヘルス不調を抱えてしまうようになります。あるいは、強烈なパワハラやいじめを受

けていなくても、

「会社から求められるような成果が出せない」

「頑張っているのに評価されない」

「思うようにスキルアップできない」

「上司や同僚など、社内での人間関係がうまくいっていない」

などといったことがきっかけで、少しずつメンタルヘルス不調になり、最終的にはそれまでの仕事を継続することができなくなる人もいます。そして辞めてしまったあとも、傷つけられて弱っている心の状態では、すぐに次の仕事を見つけることもできません。


厚生労働省から発表されている統計データなどからも、うつ病を始めとしたメンタルヘルス不調に陥る人が、増加傾向にあることが明らかになっています。

もちろん、メンタルヘルス不調といっても、重さも症状も人それぞれです。少し休養すれば快復する場合もあれば、メンタルクリニック等での治療が求められる場合もあります。メンタルヘルス不調で怖いのは、状態が悪くなっていくと、最悪の場合、自ら命を絶ってしまう危険があることです。

大手広告代理店の過労自殺事件によって、過労や長時間労働の問題が社会で大きな関心ごとになりました。長時間労働の結果、うつ病を発症し、自ら命を絶ってしまったという心が痛む出来事です。長時間労働が続くと、睡眠不足とストレス・疲労の蓄積により、心や身体の調子を崩してしまいます。

近年、政府による働き方改革により、長時間労働の是正が推進されています。企業側もさまざまな施策を講じていますが、その取り組みが成果をあげている企業は多くなく、依然として働きすぎが原因でメンタルヘルス不調を抱える人がいなくならない現状があります。

また、これは雇われる側も、自身の心身の健康よりも仕事を優先し、無理して頑張りすぎてしまっているということでもあります。

私はキャリア迷子の人たちと接しているうちに、いまの社会の風潮というのも、多くの人を苦しめる一つの原因になっているのではないかと考えるようになりました。

頑張らないといけない、という思い込み

世間には、「生産性を高めなければならない」「常に上昇志向で、社会的成功を目指さなければならない」といったメッセージがあふれすぎるくらいにあふれています。テレビや新聞、雑誌、書籍などのマスメディア、SNSや動画サイトなどでも、「成功する方法」「うまくやる方法」「年収アップする方法」など、いかに効率よく、他人より抜きん出ることができるかと

いうことに言及されるものが多いと感じます。

現時点で自身のキャリアについて大きな悩みがなく、しかも自ら望んで成功やキャリアアップを選ぶタイプの人には、そういった情報も役に立つのでしょう。また、そういう人なら、適度なプレッシャーを受けることを心地よく感じられるかもしれません。

しかし、社会的な成功や出世にはあまり興味がないような人、あるいはさまざまな事情により断念しなければならないような人であれば、職場のムード、上司の命令、あるいはもっとあいまいな世間の〝空気〟のようなものにあおられて、成功を目指さなければならない、そのために努力し続けなければならない、と常に追い立てられていたら、どうしたって心は疲れてしまいます。

これまで紹介してきたさまざまなキャリア迷子のケースを見てもわかるように、仕事に専念できる環境が定年まで保証されているという人はまずいません。それにもかかわらず、うまくいっていないのは本人の頑張りが足りないせいだとでもいうような世間の風潮は、キャリア迷子を生む一つの原因となっているといえるでしょう。

600万年の人類史のなかで、人がキャリアで悩むようになったのはつい最近のこと

そもそも、人はいつからキャリアや働き方について悩むようになったのでしょうか。

話はだいぶ遡りますが、通説として、約600万年前、ヒトはチンパンジーと共通の祖先から枝分かれし、人類としての進化の道を歩み始めたと言われています。その時代、人間はすべて、野生の動物や植物をとって生活する狩猟採集民でした。狩りや漁、採集は、もちろん食べるため＝生きていくために行うことなので、こうした行動も「仕事」でした。しかし、その仕事は現代のように対価（お金）として受け取るものではなく、自分や家族が生きるための食料を確保するという、生死に直結する営みです。たとえ「自分には向いてないからやめたい」と思ったとしても、他に選択肢があるわけでもありません。その日に捕ったものを、その日に食べて、あとは寝て暮らすような生活を続けていたわけで、そこに現代人が抱えるようなキャリアについての悩みや葛藤はなかったはずです。

このような、狩猟・採集を基本とするその日暮らしの生活がどのくらい続いたかというと、氷河期が終わる、つい1万年ほど前までです。つまり599万年近く、人が食べるために行う「仕事」は基本的にはそれら以外には存在しなかったのです。

そして1万年前に氷河期が終わったことで、農耕と牧畜で食料を生産していくスタイルにだんだん移行していきました。そこから食品の加工、運搬、交換などの仕事が登場し、さらに産業革命によって、工場労働、労働管理などの今までになかった仕事が増えていきました。19世紀から20世紀にかけては、サービス業や知的専門職といった第三次産業に属する職業が発展し、新たな仕事が続々と登場したのでした。

これらは数百年がかりの変化ですが、６００万年の長い人類史をみれば、人がキャリアについて考えるようになったのは、つい最近のことだといえそうです。

さらに、日本では、本当の意味でどんな人でも自由に職業を選べるようになったのが、１９４６年の日本国憲法公布以降です。中学校までの義務教育を終えたあと、高校、大学、大学院などに進学するかしないか、進学するのならどこの学校を受験するのか。また、職業に就くのなら、会社勤めをするのか、自分で商売を始めるのか。会社に勤めるなら、どんな会社でどんな職種に就くのか。こういったことを、私たちは自由に選べるようになりました。

もちろん、選べるとはいいつつも、実際に希望通りの進路に進めるという意味ではありません。学校なら入学試験があり、就職なら就職試験があり、また、自営業を始めるにも資金やノウハウなど、さまざまなハードルがあるからです。

しかし、現実的になれるかなれないかは別として、生き方の進路、つまりどんなキャリアを希望するのかは、自由に選べるようになりました。

「当たり前だろう」と思われるでしょうが、日本の歴史からみても、ごく最近始まった考え方であり、また世界的に見ると、いまだにその自由がない国や地域も存在しています。

皆さんもご存じのように、江戸時代には身分制度が固定されており、武士の子は武士、農民の子は農民になることが定められていました。商人であればさらに商売が決められており、基本的に大工の子は大工、魚屋の子は魚屋になるしかなかったのです。また住む場所も幕府によって定められていました。

そのような人生に選択肢がほとんどない時代には「キャリア」が問題になることはありません。いま、キャリアが問題になり、キャリアで悩む人が増えているのは、個人が自由になったことの裏返しなのです。

そして、599万年ものあいだ狩猟採集民として生きてきた私たち人間が、たくさんある職種のなかから自分に合った仕事を見つけたり、転職を繰り返しながら順調にキャリアアップしたりといった複雑で高度なことを、はたしてうまくできるでしょうか？　迷い、悩んでしまうのも当然なこととといえるでしょう。私たち人間がいまだに二足歩行に適応しきれず、腰痛や肩こりに悩まされているのと同じことです。

うまくいっているように見える人も、たまたま運がよかっただけなのかもしれないし、本当は裏で大変な無理をしているのかもしれない。みんなが初心者なのですから、迷い、つまずくことはおかしいことではありませんし、そうやって迷いながらも、失敗や修正を繰り返して少しずつ良くしていけばいい。まずはそんな風に、ちょっと肩の力を抜いてみてください。

いろいろな働き方がある時代、キャリアはもっと「自由」でいい

日本では1955年に始まった高度経済成長期以降、新卒一括採用、終身雇用、年功序列といった人事制度が長く存在し続けてきました。これを背景に、多くの企業では、雇用については家族主義的かつ平等主義的な文化が主流でした。大きな成果を上げても、待遇が劇的によくなるわけではない代わりに、大きな失敗をしたり、成果が上がらなかったりした人でも、よほどのことがない限り定年まで雇用は継続され、社員の身分が保障されていたのです。そのようななかでは、企業で働く多くの人にとって、いかに組織内で効率よくキャリアを重ねるのか、そこから外れないようにするのかということは最重要課題でした。そして一度そこから外れてしまうと、挽回することが難しいのです。

また、結婚、子育て、家の購入などのライフイベントも、会社内で安定したキャリアが続くことを前提に考えられることが一般的でした。会社内のキャリアをベースに考えていれば、定年まで、あるいは定年退職後の再就職も含めて、自動的にキャリアが決まっていったのです。

しかし現在、このような日本型雇用慣行の崩壊が進んでいること、また、以前より転職が当たり前の時代となり雇用の流動化が進んだことで、働き方やキャリアが多様化してきています。

働き方改革の推進やテクノロジーの発展、人の価値観やバックグラウンドの多様化によって、個人の事情に合わせて在宅勤務や時短勤務、副業など、働き方が選べる制度を導入している会社も増えています。

選択肢が多いということは、自由度が高まるということで、従来の企業のやり方に捉われず、個人の事情や価値観に合わせた自由なキャリアを描けるということです。

日本を含む世界はVUCA（※）と呼ばれる将来の予測が難しい時代を迎え、大企業に就職するなど、大多数の人が理想とするキャリアを歩むことだけが正解ではなくなっています。

キャリア迷子の方には、自身のキャリアについてもっと自由に、柔軟に考えていただけたらと思います。

※VUCA（ブーカ）……VはVolatility（変動性）、UはUncertainty（不確実性）、CはComplexity（複雑性）、AはAmbiguity（曖昧性）の頭文字で、先行きが不透明で、将来の予測が困難な状態のことをいいます。

人生には迷子の期間＝ニュートラルゾーンがあってもいい

「キャリア迷子」という言葉に、ネガティブな印象を持たれた方もいるかもしれませんが、私としては、決してネガティブなだけの、絶対に避けるべきものとして「キャリア迷子」という言葉を使っているわけではありません。むしろ、これまでの自分の働き方を見直し、より幸せな道へ踏み出すための準備期間として、実はとても重要な期間であると捉えていただきたいのです。

誰でも、自分が思い描いていたのとは違った、思わぬキャリアに進まなければならない状況はあります。そのような状況に陥って、深く思い悩んでいる人に、私はキャリアコンサルティングを通してたくさん出会ってきました。

そのときはつらいのですが、実は、そんな状況を真の幸せに向かうための「チャンス」に変えることもできるのです。上の図表を見てください。

「人生の転機は、なにかが終わるときに始まる」

「トランジション」（ｔｒａｎｓｉｔｉｏｎ）とは、「人生の節目」「転機」といった意味です。

トランジション理論（ウィリアム・ブリッジズ）

❶ なにかが終わる
❷ ニュートラルゾーン（中立圏）
❸ なにかが始まる

人生には、失恋、結婚、転職、離別、事故など、さまざまな転機（トランジション）があります。アメリカの心理学者であり、組織コンサルタントのウィリアム・ブリッジズは、人がこうした人生の転機に遭遇したとき、それを乗り越えていくためのプロセスを、次の3段階で示しました。

❶ 終焉：なにかが終わる時期。自分で望んだ場合も、外部の力により終わらされる場合も含む。混乱や喪失感をともなう。

❷ ニュートラルゾーン（中立圏）：立ち止まって過去といまの自分を見つめ直し、気持ちを整理する時期。

❸ 開始：新しいなにかが始まる時期。不安や恐怖を感じながらも、それを乗り越え

ていく。

あらゆる転機（トランジション）は、なにかが終わることから始まります。結婚するということは、独身生活に終わりを告げることを意味しますし、転職するということは、いまの会社から離れることと同義です。人はこれまで自分の置かれていた立場や環境がなくなったり、もしくは変化したりすることで、気持ちが不安定になったり、自分自身が何者なのかもわからなくなるほどの苦悩の時期（ニュートラルゾーン）に突入することがあります。このニュートラルゾーンにいるときが、まさに「キャリア迷子」の状態といえます。

トランジションにおいて、このニュートラルゾーン（中立圏）が非常に重要です。ブリッジズはニュートラルゾーン、本書でいう「キャリア迷子」の期間においては、急いで抜け出そうとして行動を起こすのではなく、「終わり」をしっかり認識して受け止め、時間をかけて自分自身と向き合うことで、新しい「始まり」を迎えることができると説明しています。つまりトランジションとは、古い自分に終わりを告げ、新たなスタートを切るための大事な移行期間、過渡期ともいえるのです。

アメリカを代表するキャリアカウンセリングの理論家・実践家であるシュロスバーグは、「ト

ランジション（転機）」には、

❶自分で選んだ転機（自分から会社を辞める、離婚する、など）

❷突然の予期せぬ転機（思いがけない異動や降格の辞令が出される、会社が倒産するなどで失業する、交通事故にあって働けなくなる、など）

❸ノンイベント（予期していたことが起こらなかったとき。そろそろ異動のタイミングだけど今年もなかった、昇進できなかった、など）

の3つのタイプがあるとしています。

人生において、これらのいずれかのトランジションに当てはまる経験がない人は、まずいないでしょう。生きていれば、誰もが必ず何らかのトランジションにぶつかります。そして突入するニュートラルゾーンにおいては、

「自分がこれまで目指してきたキャリアは本当に正しかったのか」
「これから選べるのは、どんなキャリアか」
「どんなキャリアを築けば、自分は心から幸せになれるか」

など、簡単には答えが出ない問題を、時間をかけて考えていくことになります。

このように思い悩んでいる時期は、孤独で、つらく、苦しいですが、そうやって真剣に思い

悩むからこそ、新しいことの始まりでは、それを超えた、より自分らしい幸せに近づく道が拓けます。

「キャリア迷子」の状態は自分を見つめ直し、新たな人生を踏み出すよい機会です。見つめ直すといっても、具体的な方法が思い浮かばないという方のために、本書の第４章でその方法を紹介していますが、まずはこうした「ニュートラルゾーン＝迷子」の状態を、人生をよい方向に進めていくための一つのチャンスだと前向きに捉えていただければと思います。

第2章

そもそもキャリアって何だろう？

キャリアアップとキャリアダウン

皆さんに質問します。
「キャリアアップ」という言葉から、どんなことが連想されますか？
先を読み進める前に、ちょっとイメージしてみてください。

正解、というわけではないのですが……

皆さんは、なにを連想されたでしょうか？

▼A（キャリアアップ）
・社内で昇進する。
・給料が上がる。
・難しい資格を取る。
・大きな会社に転職する。
こういったことをイメージされた方が多いのではないかと思います。

では、2つ目の質問もしましょう。

「キャリアダウン」という言葉から、どんなことが連想されますか？

これも、少しイメージしてみてください。

▼B（キャリアダウン）

・希望していない部署に異動になる。
・会社を退職して無職になる。
・大企業から中小企業に転職して、給料が下がる。
・正社員から非正規のパートタイマーになる。

「ダウン」という響きから、おそらく多くの人は、このようなネガティブなイメージを連想されたと思います。

キャリアダウンという言葉は、キャリアアップという言葉ほど使われていませんが、私は、▼Bのような状況が必ずしもその人たちを不幸にするものではないと思っています。むしろ、キャリアダウンをしても「幸せ」になっているケースもあると考えています。

どうしてでしょうか？

それにはまず、そもそも「キャリア」とはなにかということについて、知っておく必要があるでしょう。ビジネスパーソンならずとも、一度はご自身のキャリアについて思考を巡らせたことはあると思います。ただ、その本質と向き合う機会はそれほど多くはないのではないでしょうか？

「キャリア＝バリバリ働く」の誤解

よく耳にする言葉で、「キャリアアップ」「キャリア組」「キャリアハイ」「キャリア開発」「キャリアウーマン」などがあります。キャリアという言葉は、どこかこうした「成功」や「上昇志向」「競争」といったイメージと結び付く形で使われてきた経緯があります。

そのため、バリバリと働いて出世や収入アップを目指すことが、「キャリアを考える」ことであるとか、自分は出世など見込めないからキャリアなんて言葉とは無縁だと考える人も少なくないようです。

しかしこの「キャリア」という言葉自体には、もともと出世とか上昇志向といった意味はありません。まず、言葉の意味から捉え直してみましょう。

キャリアは英語の「ｃａｒｅｅｒ」という語です。もともとは、道路や競馬場のコースなどを意味するフランス語の「ｃａｒｒｉｅｒｅ」に由来するといわれています。道やコースといった意味を表す言葉だったわけですが、そこから人生の道筋や、その道を歩んできたなかでの経験などを表すように転じてきたのです。

英和辞典で「ｃａｒｅｅｒ」を引くと、「生涯」や「経歴」、あるいは「職業」「生涯の仕事」といった訳語が載っています。そしてそこには「出世」や「成功」といった言葉は見当たりません。すごく単純化して要約するなら、「キャリア＝一生涯の経歴」がもともとの意味だったのです。

ワークキャリア＝狭義のキャリア

ところが、どんな仕事をしてきたのかという職業上の経歴は、多くの人にとって「キャリアのすべて」と捉えられるほど重要なものです。日本において、「キャリア」という言葉だけでは、履歴書や職務経歴書に書かれるような「職歴」「業務歴」「業務上の実績」に絞って捉えられることがまだまだ一般的です。

たとえば、就職面接の場で、「これまでのキャリアを教えてください」と質問されるとき、通常は、職歴や業務歴が念頭に置かれているはずです。

さらには、日本の労働人口の大多数を占めている会社員の場合、会社内での異動・昇格などの経歴、つまり「組織内キャリア」が、キャリアのすべてになっている人もまだたくさんいます。これは、長く終身雇用制度が維持されていた結果ではないかと思います。

このように、「キャリア」という言葉を、職業上の変遷だけを意味するもの、つまり職業という限定された意味だとするのが、狭義のキャリアです。本書では、それを区別するために、狭義のキャリアのことを「ワークキャリア」と呼びます。この「ワークキャリア」は、過去から現在までの時間軸で捉えられることがほとんどで、そういった意味でも狭義となります。

ライフキャリア＝広義のキャリア

キャリアについてさまざまなことを研究する学問領域があります。
そのなかで、著名な学者たちが、キャリアとは次のようなものだと述べています（かっこ内は学者の名前です）。

「生涯・個人の人生、生き方とその表現方法」（エドガー・H・シャイン）
「生涯において個人が果たす一連の役割、およびその役割の組み合わせ」（ドナルド・E・スーパー）
「単なる職業、職務ではなく、相互に作用し合う人生のさまざまな役割を包括する概念。個人の人生の過程において、生涯変化し、発達するもの」（サニー・S・ハンセン）

いずれも、先に述べたワークキャリアというものを捉えているよりも、広い意味でキャリアというものを捉えていることがわかります。過去から現在、そして将来に向けてという長い時間軸で捉えられており、簡単にまとめれば「一生涯にわたる役割や経験の積み重ね」、すなわち「人生そのもの」となり、それが本質的な「キャリア」ということになるのです。

ワークキャリアが狭義のキャリアだとするならば、こちらはより広い意味で捉えられた、広義のキャリアです。「ワークキャリア」と区別するために、広義のキャリアを「ライフキャリア」と呼びます。

「ワークキャリア」を考えることももちろん大事なことではありますが、その「ワークキャリア」を含め、人生全体を視野に入れた「ライフキャリア」を考えることが、働き方そのものを見直すためにもとても重要となってきます。

「人生は、さまざまな役割の組み合わせである」ライフ・キャリア・レインボー（ドナルド・E・スーパー）

左の図は、「ライフ・キャリア・レインボー」といって、「ライフキャリア」という考え方、つまり、キャリアは仕事に関係するものだけではなく、人の一生にわたって、仕事以外の面も含まれるものだということを示しています。

これは、ドナルド・E・スーパーというアメリカの心理学者によって提唱されました。

スーパーは、キャリアを「ライフステージ（人生の発達段階）」と「ライフロール（人生の役割）」

ライフ・キャリア・レインボー

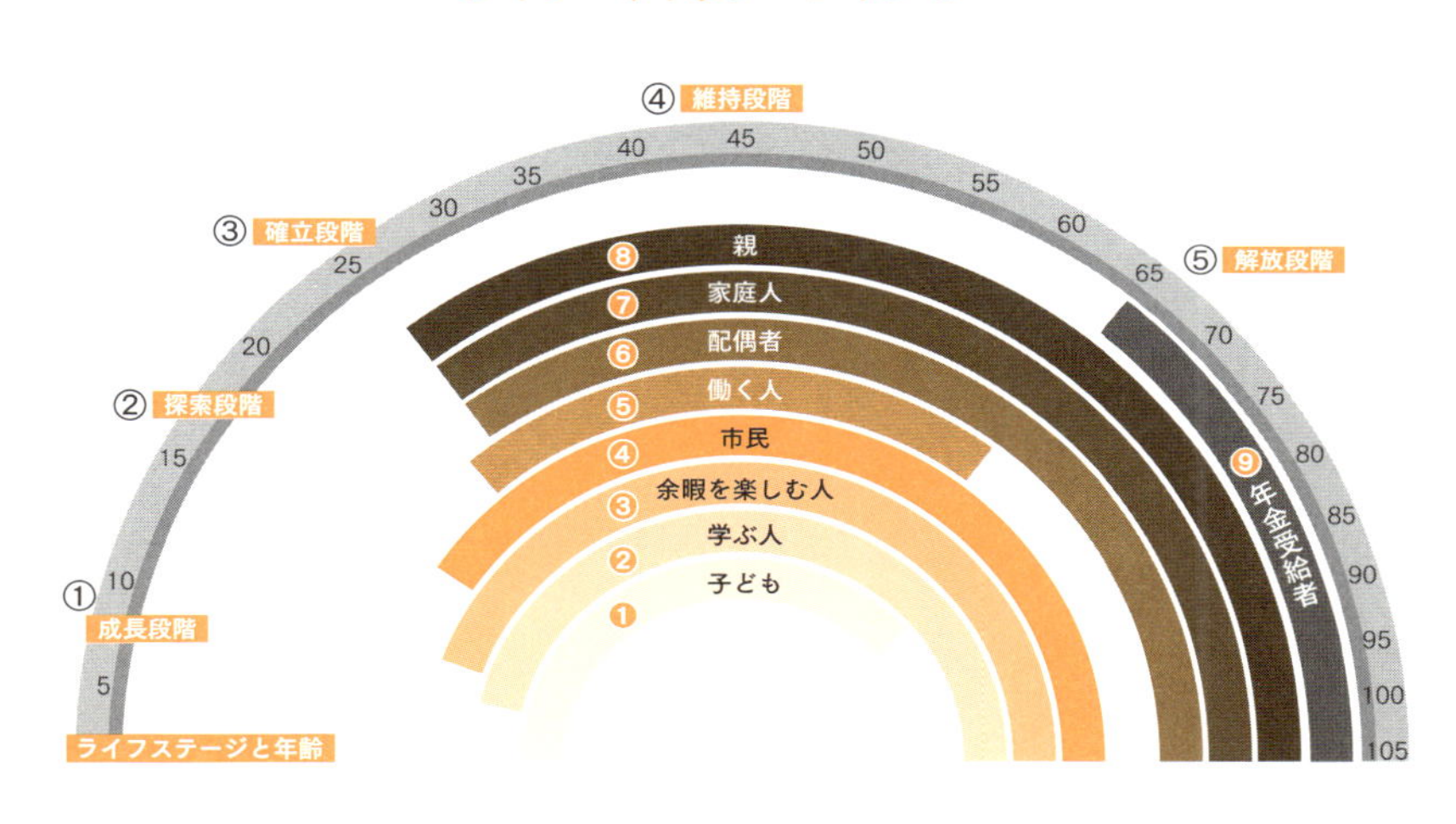

という2つの視点から捉えました。

まず、ライフステージは、年齢を目安として次の5つに分類されます。

5つのライフステージ

①「成長段階」（0〜14歳）

家庭や学校での生活を通じて、自分自身を形成し、仕事への関心を発達させる段階です。

②「探索段階」（15〜24歳）

学校、アルバイト、レジャー活動、就職活動などから、試行錯誤により、自分の役割を見つけ、職業を選ぶ時期です。

③「確立段階」（25〜44歳）

前半は、仕事の経験を通じて自分の役割や地位を探り、固めていく時期です。

また、後半は、専門性を高めて職業人として安定したキャリアビジョンを確立する時期です。

④「維持段階」（45～64歳）

それまでに築いてきたワークキャリアを守り、維持することに関心が向く時期です。

⑤「解放段階」（65歳～）

職業活動からは引退し、新しい役割を得てのセカンドライフを過ごす時期です。

スーパーの基本にあったのは、このように、個人は生涯にわたって発達（成長）していくという考え方です。その上で、人には、他者との関係のなかで果たすべき9つの役割=ライフロールがあるとされます。

9つのライフロール

❶子ども
❷学生（学ぶ人）
❸余暇人（余暇を楽しむ人）
❹市民
❺労働者（働く人）

6 配偶者（夫・妻）
7 家庭人
8 親
9 年金受給者

ライフ・キャリア・レインボーでは、5つのライフステージにおいて、どのような役割を演じるのかが示されています。

ライフ・キャリア・レインボーにおける役割の描き方は、もちろん人によって異なります。両親が亡くなった段階で、「子」の役割はなくなりますし、結婚しない人は「配偶者」の役割がなく、子どもを持たない人は「親」の役割はありません。

ポイントとなるのは、人は各ライフステージにおいて、さまざまな役割を果たしており、それらを統合したものが、その人のキャリアの全体だという点です。

ライフ・キャリア・レインボーでは、ワークキャリアだけがキャリアではないことが、明確に示されています。

また、アメリカのキャリア心理学者であるサニー・S・ハンセンも、スーパーと同様に、キャ

キャリアにおける「4L」

リアを個人の人生の役割全体を含む包括的なものだと捉えています。この人生の役割には次の4つの要素があり、これらが組み合わさることで、「一つの意味ある全体」(=キャリア)になるとしています。

労働(Labor)
学習(Learning)
余暇(Leisure)
愛(Love)

英語の頭文字をとって「4L」と呼ばれています。そしてハンセンは、この4つの役割の組み合わせを、小さな布を縫い合わせ、大きな布にするキルト(パッチワーク)にたとえて説明しています。

キャリアで目指すべきは全体の幸せ

「ワークライフバランス」という言葉があるように、ワークキャリアとライフキャリアのバランスが取れていることは、充実した人生を送るための前提条件です。ライフ・キャリア・レインボー、そして4つのＬにおいても、「労働者（働く人）」の役割は、一生涯で担当するいくつかの役割のうちの一つとなります。仕事に重点を置きすぎて、過重労働や長時間労働を続けると、仕事ではそれなりの成果が上がったとしても、心身の調子を崩したり、「親」や「家庭人」などといったライフキャリア上の他の役割がないがしろにされたりして、結果的に破綻してしまう危険があります。

また、仕事以外の生活に変化が生じることで、ワークライフバランスが崩れることもあります。たとえば、自分が病気になる、家族の介護が必要になるといった問題が発生すると、これまで通りの仕事量であっても、過重に感じるようになるでしょう。

もちろん、人には、職場の中核として仕事に専念しなければならない時期もあれば、育児や介護に集中しなければならない時期もあります。ワークキャリアとライフキャリアの比重は、ライフステージによって、大きくなったり小さくなったりするのです。そのように柔軟に両者を変化させながら、自分に合ったキャリアを築いていくのです。

ワークキャリアとライフキャリアのバランス

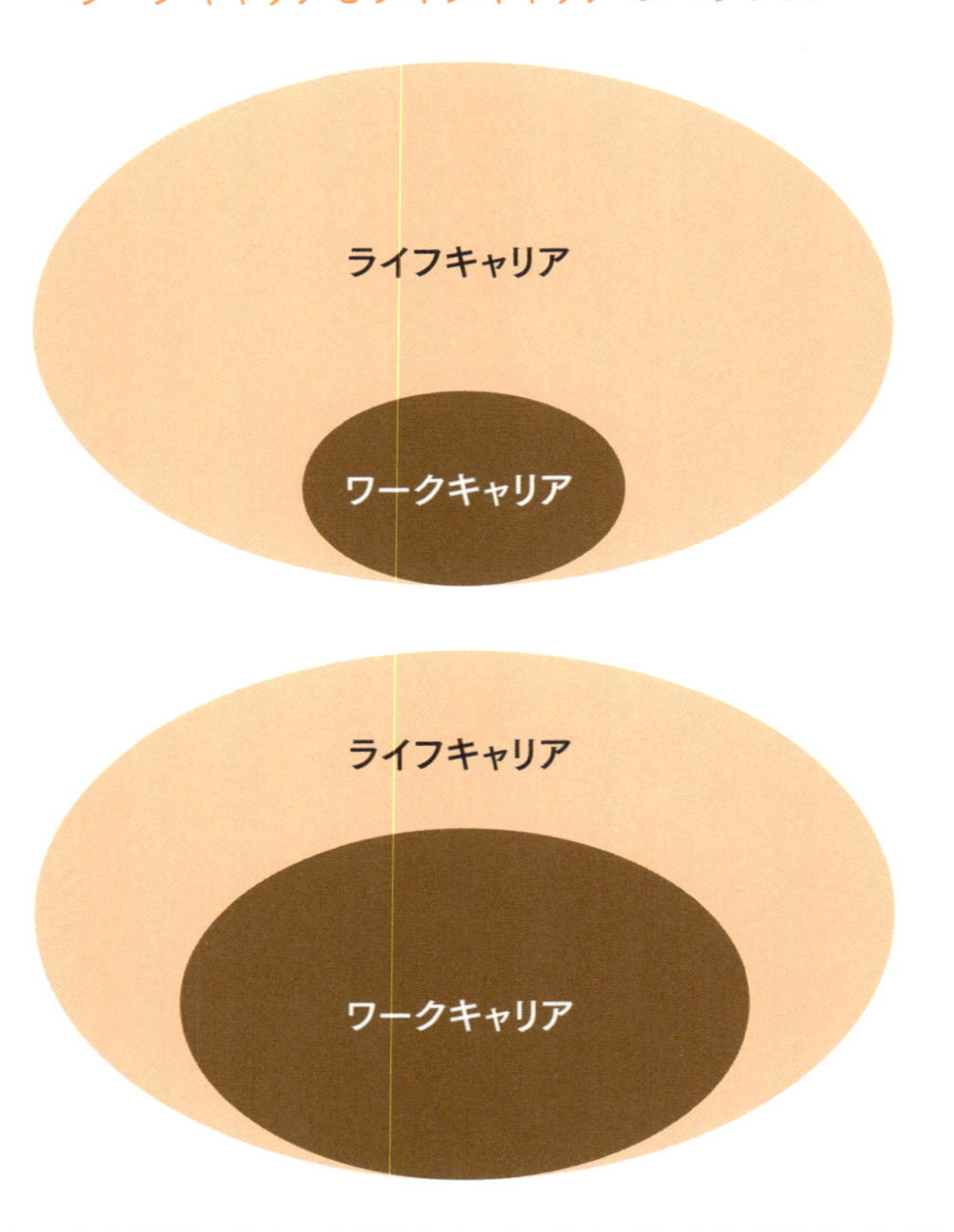

その時々の役割によって、ワークキャリアの大きさが異なります。
ワークキャリアは大きくなったり小さくなったりして、
ライフキャリアとのバランスを保ちます。

本書では、ライフキャリアとワークキャリアの両方を統合してキャリアを捉えます。文中での「キャリア」は「ワークキャリア」的な内容であっても、根底には「ライフキャリア」があることを理解しながら読み進めていただければと思います。

その上で、読者の皆さんが、これからの自分のキャリアを考える上でのヒントが示せればと思います。

「キャリアデザイン」とは

過去のキャリアを変えることはできませんが、未来のキャリアは自分で新たに作ることができます。自分が望むようなキャリアを描いていくことを、「キャリアデザイン」といいます。

ただ、この「キャリアデザイン」という言葉も「キャリア」同様、意外とあいまいでわかりづらいものです。私は大学で「キャリアデザイン」の講座を担当していますが、教科書等を読んでみると「やりたいことを見つける」「なりたい自分に向けて」「夢や希望を持とう」といった記述がされています。これ自体は「なるほど！」と思えるのですが、人によってはプレッシャーになることもあり、そもそも好きなことがそれほど思いつかない人だっています。そこで、私はキャリアデザインを「より豊かに、より幸せに過ごすために、これからを前向きに描くこと」と定義しました。そして、その考え方を「キャリアデザイン思考」としています（78ページに後述）。

キャリアについて考え、キャリアデザインをする目的＝幸せになること

この点は、本書全体を通した前提になります。

現時点ですでに幸せいっぱいだという人もいるかもしれませんが、今後起こるかもしれない転機に備えるという目的で、参考にしていただければと思います。

客観的にはキャリアダウン、主観的にはキャリアアップ

さて、ここで、本章の最初の質問に戻ってみましょう。

「キャリアアップ」と聞けば、通常は▼A（P38）に記したような、会社内でより上位の職務、役職に就いて昇給したり、転職してより待遇のよい会社に移ったり、社会的に地位が高いといわれる仕事に就いたりするキャリアチェンジがイメージされるでしょう。

多くの場合、そのようなキャリアチェンジは、人生での幸せを生みやすい基礎になります。

しかし、そのような職位や給与の上昇や待遇アップが、人生の幸せとイコールとならないこともあります。

そして同様のことは、▼B（P39）の場合（キャリアダウン）にもいえます。

つまり、▼Bのような状態になることは、不幸とイコールではないということです。

わかりやすい例でいえば、小さい会社に移って給料が下がるようなキャリアチェンジがあった人でも、自分にとって本当にやりたかった仕事ができるようになるなら、満足度や幸福度はむしろアップすることがあります。

データが示す「キャリアダウンなのにキャリアアップ」

以前、大学院に在籍していた際に、私は公共職業訓練の効果に関する調査を行いました。

これは、公共職業訓練の受講者約４００名に、訓練終了後の就職状況や、満足度などを追跡調査した研究です。

その調査では、職業訓練を受けたあとの再就職による収入の変化は次のような結果でした。

- 再就職後に収入がアップした：約34％
- 再就職後に収入が変わらない、またはダウンした：約66％

収入が変わらない、または、ダウンしたという人が3分の2だったのです。

しかし、再就職先と前職を比較してどの程度「満足度」が変わったのかを調べたところ、収入がダウンした人のなかでも転職によってキャリアチェンジを実現したと考える人については、次のような回答が得られています。

・「仕事全体」「労働時間」「キャリアの見通し」の満足度が前職よりも上がった：50％超
・「仕事の内容」「仕事と家庭の両立」の満足度が前職よりも上がった：60％超

このように、給与面では下がったとしても、他の面で満足度が上がっているのであれば、そのキャリアチェンジは、全体で見ると、幸せの実現、キャリアアップになっているといえるのではないでしょうか。

では、最初の質問の答えとして多くの人が思い浮かべたであろう▼Aや▼Bは、間違っているのでしょうか？

そういうわけではありません。ただ、測る基準や視点が違うのです。

▼Aや▼Bの状況は、客観的な「状態」の変化です。たとえば、給与が上がればキャリアアッ

プで、下がればキャリアダウンというのは、給与の状態がどう変化したかを、客観的な数字をモノサシにして測っているためです。

一方、その状態の変化に対して、自分がどう感じているかは、本人の満足度を基準とした主観的な評価です。それが外から見える部分だけを測った客観的な評価と一致するとは限りません。

つまり、客観的にはキャリアアップなのに、主観的にはキャリアダウンだったり、逆に客観的にはキャリアダウンなのに、主観的にはキャリアアップだったりということが、あり得るということです。

この客観的・主観的という視点は、マサチューセッツ工科大学ビジネススクールのエドガー・E・シャイン博士が提唱している「外的キャリア」、「内的キャリア」と同じもようなものです。外的キャリアは、経歴、肩書、給与、地位など外から客観的に見て取れるもので、内的キャリアは、仕事への満足度など自分の内面で感じるものとしています。

幸せというのは、客観的な状態（外的キャリア）に対する評価ではなく、最終的には、あくまで本人の主観的（内的キャリア）な評価ではないでしょうか。

幸せになることが目的のキャリアデザインとは、客観的な状態のチェンジではなく、主観的な感じ方のチェンジをより重視するものになります。

幸せなキャリアを築くために、主観（内的キャリア）を優先する

報酬や地位、スキルなどの向上を目指し、それを実現したことにより、幸せな人生を歩めるのであれば、それはとても素晴らしいことです。

一方、あえてそのようなキャリアアップから外れて、周囲から「キャリアダウン」と思われるような選択をしたとしても、その結果として、本人の幸福度がアップするのであればもちろんよいのです。逆説的ですが、「ポジティブキャリアダウン」とでもいいましょうか。

どちらに進めばよいのかわからないと、キャリアについて迷いがあるのなら、いったん立ち止まって、自分にとって目指すべき幸せはなにかを、見直してみるのがよいでしょう。

これまでにも何度か述べてきたように、キャリアは、その人の人生そのものであり、キャリアをデザインする目的は、自分が幸せになることです。

したがって、キャリアチェンジが、最終的な目的である自分の幸せに近づくような変化であれば、それこそが「本当のキャリアアップ」と呼べるものです。「本当のキャリアアップ」と

キャリアアップと幸福（4象限）

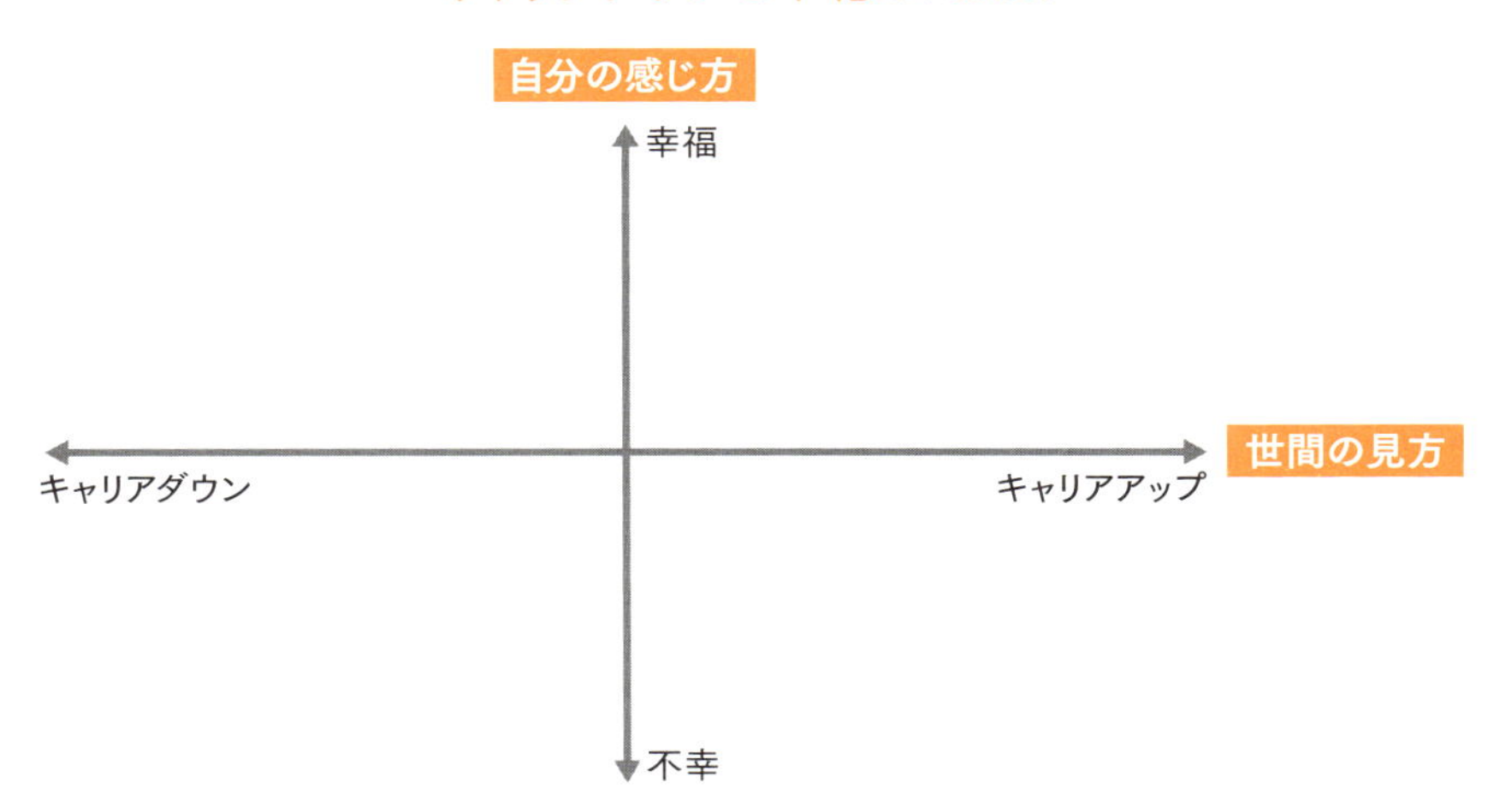

は、自分が感じる主観的なものなので、「内的キャリアアップ」が正しい表現となるのです。

客観的な事実として、給料がアップしたり、地位がアップしたり、スキルがアップしたりすることは、自分の幸せに一定の影響を与えるでしょう。しかし、それがすべての決定要因になるわけではありません。逆に誰かから見てダウンと見られる変化でも、本人にとって幸せであったら、客観的なダウンもアップも関係ありません。周りの人や世間にどう見られても、自分が幸せであればそれでよいのです。

自分の考え方の〝クセ〟を知る

皆さんに、次の質問をします。

あなたは「水が欲しい」と思っています。
そのとき、目の前に出されたコップには、半分の水が入っていました。
これを見て皆さんはどちらに感じるでしょうか？

正解、というわけではないのですが……

客観的な事実としてあるのは、「コップに水が半分入っている」ことです。

その事実に対して、
「水が半分しか入っていない」＝ネガティブな捉え方
をする人もいれば、
「水が半分も入っている」＝ポジティブな捉え方

コップの水の状態は？

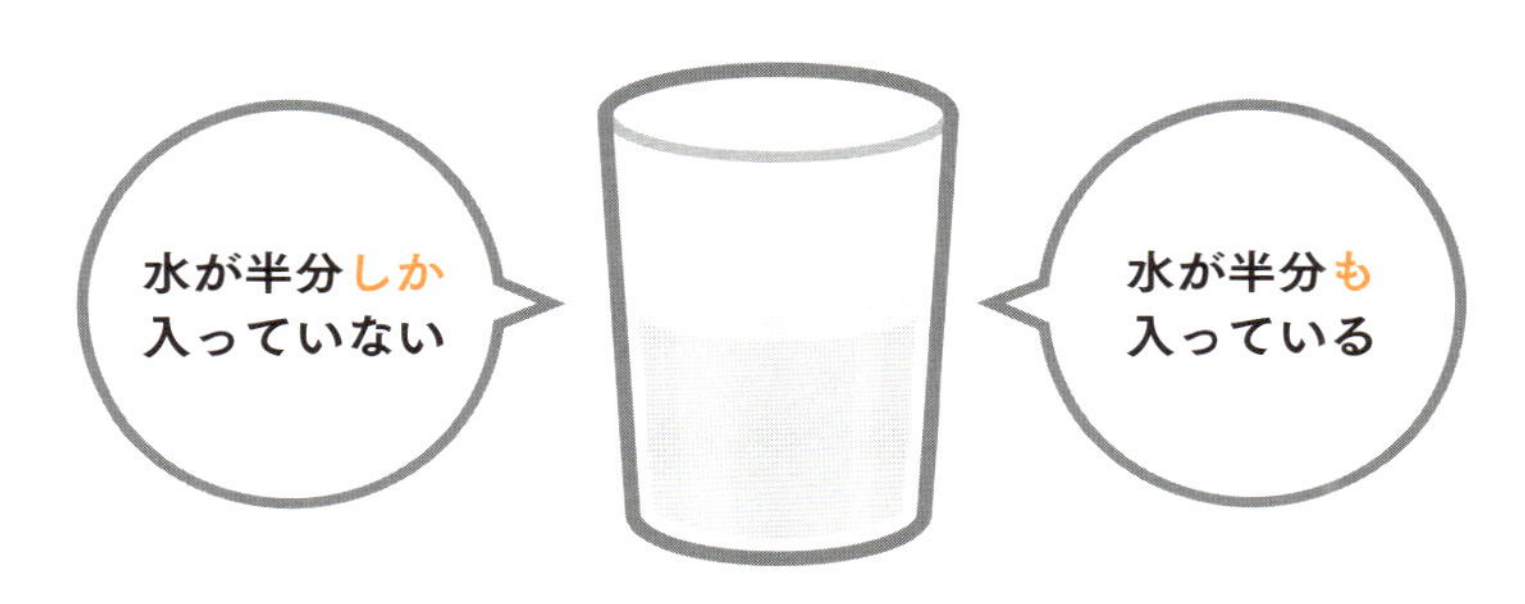

どちらも決めつけです

よい・悪い、多い・少ないなどの先入観を排除して、
ありのままの現実を見てみましょう。

をする人もいます。

このように、同じ事実を見ても違う感じ方、捉え方をしてしまうのは、人それぞれが、モノの見方、感じ方に〝クセ〟のようなものを持っているためです。つまり、考え方に〝クセ〟があるのです。

前者の捉え方と、後者の捉え方、どちらがよくてどちらが悪いという話ではありません。

大切なのは、どちらの見方も考え方の〝クセ〟を通して感じられているのであり、別の見方もできる可能性がある、ということです。

考え方のクセがもたらすイメージがあるということを知っていれば、それとは違う見方や、感じ方もできることに気がつきます。

「水が半分しか入っていない」↓「いや、よく考えたら半分も入っていてラッキーだ」
「水が半分も入っている」↓「いや、よく考えたら、半分しか入っていないのだから少ないな」

これを転職活動しているシーンとして考えてみましょう。

「給料30万円の求人」があったとします。

「給料30万円だと安すぎるな」↓「職場が家から近く、通勤時間が減るので、仕事以外にやりたいことができる！」

「給料30万円ももらえる」↓「他の求人相場と比べるとちょっと高いので、もしかしたらハードワークなのかもしれない」

このように、一つの事実に対して別の見方ができるかもしれないと意識しておくことは、キャリアを見直して、幸せに結びつくキャリアデザインを考えようとする際にも、大切なポイントとなるのです。

心理学においては、このような考え方のクセが感情にも悪影響を与えるとされています。

代表的なものとして、何でも白黒はっきりさせる「白黒思考」、こうするべきだと主張する「べき思考」などが挙げられます。これらの思考が強い人ほど、自らを精神的に追い込んでしまう傾向にあり、思い通りにいかないストレスもともない、うつ病などのメンタルヘルス不調を抱えやすくなるとも言われています。

キャリア迷子になったときに頼れる地図がキャリア理論

人のキャリアとはそもそもなにか、どのようにキャリアを積み重ね、それが人生にどのように影響を与えるのか、また、どうすれば満足できるキャリアをデザインすることができるのか……。そういったことを研究し、実証したのが、キャリア理論、生涯発達理論などと呼ばれる理論です。ここでは、まとめてキャリア理論と呼びます。

多くの人たちのキャリアを分析しながら、形作られてきたそれらのキャリア理論は、皆さんが自分のキャリアをデザインしていく上で、役立つヒントをたくさん示してくれます。

また、キャリアについてのさまざまな見方や考え方を示してくれるため、自分の考え方の〝クセ〟により狭くなった視野を広げ、冷静な視点でキャリアを考えるための手助けとなります。

人生とは地図のない旅だといわれることもありますが、キャリアの旅で迷ったときに示される地図となるのが、キャリア理論です。

もちろん、その地図を使って、どの道を進むのかは自分で決めなければなりません。しかし、自分がいまいる位置や、どんな道があるのかを教えてくれる地図があることで、同じ所をぐるぐると堂々めぐりをするような迷子の状態から、抜け出すヒントを与えてくれるでしょう。

ここでは、キャリアに対する見方を増やすための、代表的なキャリア理論をいくつかご紹介します。

適職発見に役立つ理論

「仕事に対する自分の価値観を明らかにしよう」
キャリア・アンカー（エドガー・E・シャイン）

キャリア・アンカーは、前述したエドガー・E・シャイン博士によって提唱されたキャリア理論です。

アンカーは、船舶を停泊させるときに使う「いかり」のことです。

キャリア・アンカーとは、その「いかり」のように、年齢や経験を重ねていってもぶれることがない自己概念（価値観や欲求）のことです。これは簡単にいうと、働く上で、自分がもっとも大切にしているもの、どうしても譲れないこと、という意味になり、自分のキャリア・アンカーを知ることは、より自分に合った働き方やキャリアを選択していけることにもつながります。

この理論では、人のキャリア・アンカーには、次の8つのタイプがあるとされています。

・専門・職能別能力タイプ：専門的な仕事を極める
・経営管理能力タイプ：組織の人々を動かせる
・自律・独立タイプ：自律、独立して仕事ができる
・保障・安定タイプ：安定して仕事を続けられる
・起業家的創造性タイプ：自分で事業を立ち上げる
・奉仕・社会貢献タイプ：他人への奉仕や社会貢献ができる
・純粋挑戦タイプ：人がやっていないことに挑戦する
・生活様式タイプ：仕事と家庭、プライベートのバランスを取る

人は、これらのうちのどれか一つだけに必ず当てはまるというわけではなく、複数のタイプに当てはまることもあります。そして、自分がどのキャリア・アンカーに当てはまるのかは、仕事を経験していくなかで、徐々に明確になっていくものです。

自己分析の「Will, Can, Must」

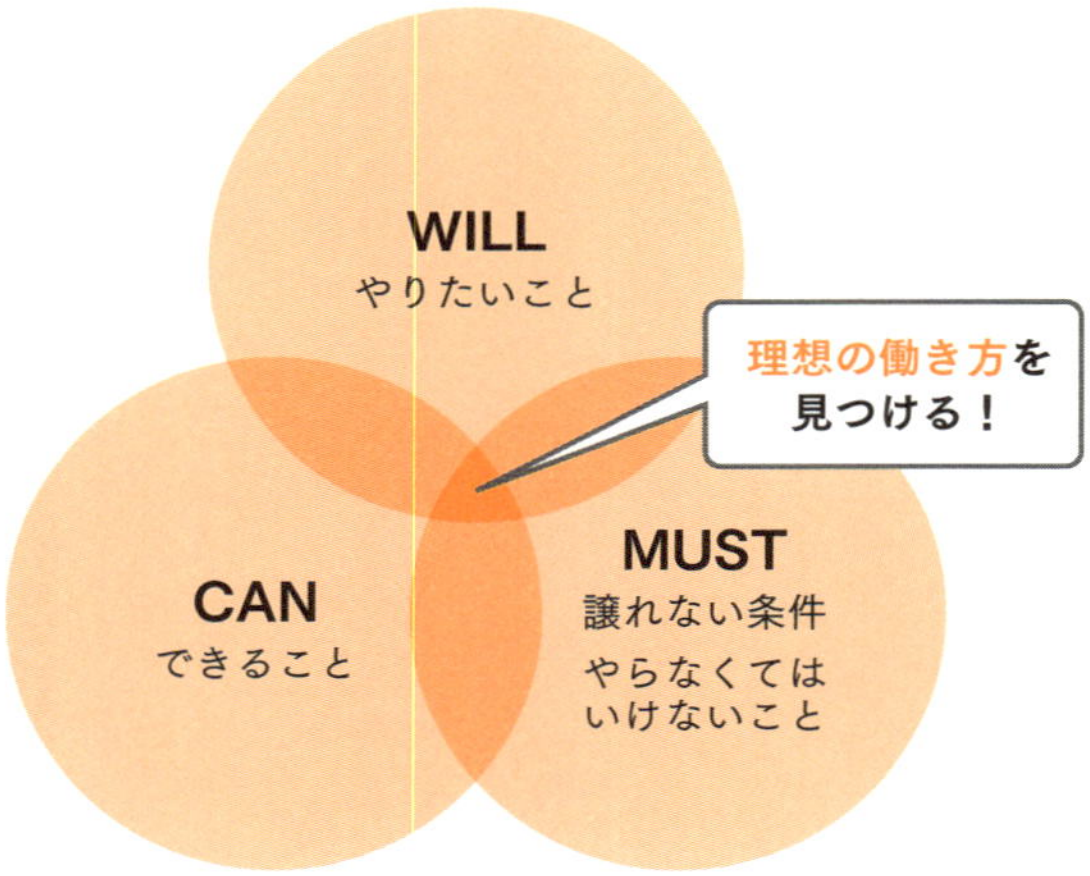

どんなキャリア・アンカーがあるのかを確かめるためには、次の3つを考えて、それが重なるところにあるものとされます。

- 何をしたいか（動機と欲求）：Will
- 何が得意か（才能と能力）：Can
- 何をしているときに充実しているか（価値観）：Must

この「Will・Can・Must」の観点から、より詳細にキャリア・アンカーを分析する専用ツールも用意されています。第4章でも少し紹介しますが、興味のある方はインターネットなどから検索してみてください。

自分のキャリア・アンカーが明確になった

ら、希望する仕事とマッチングするか否かを確かめる必要があります。いくら自分らしい、セルフイメージにあるキャリアを追及しても、それが実際の職務・役割のなかで実現できなければ意味がありません。そこで、シャイン博士は自分の譲れない価値観と、環境の変化や組織側のニーズとの調和を図り、地に足のついたキャリアを設計していくことを「キャリア・サバイバル」を提唱し、キャリア・アンカーとともに重要な概念としています。

「個人のパーソナリティと職業は、6つのタイプに分類される」
ホランドの六角形モデル(ジョン・L・ホランド)

アメリカの心理学者、ジョン・L・ホランドは、同じ職業に就いている人びとが、類似したパーソナリティ(性格)特性やその形成史を示す傾向にあるという点に着目しました。そして、個人のパーソナリティと職業(働く環境)のタイプを6つに分類し、それぞれの性格に適した職業を選択するための六角形モデルを提唱しました。以下にそのタイプの特徴を示します。

❶現実的タイプ(Realistic)
機械・道具など、物を対象とする具体的で実際的な仕事や活動の領域

❷研究的タイプ(Investigative)

研究や調査のような研究的、探索的な仕事や活動の領域

ホランドの六角形モデル

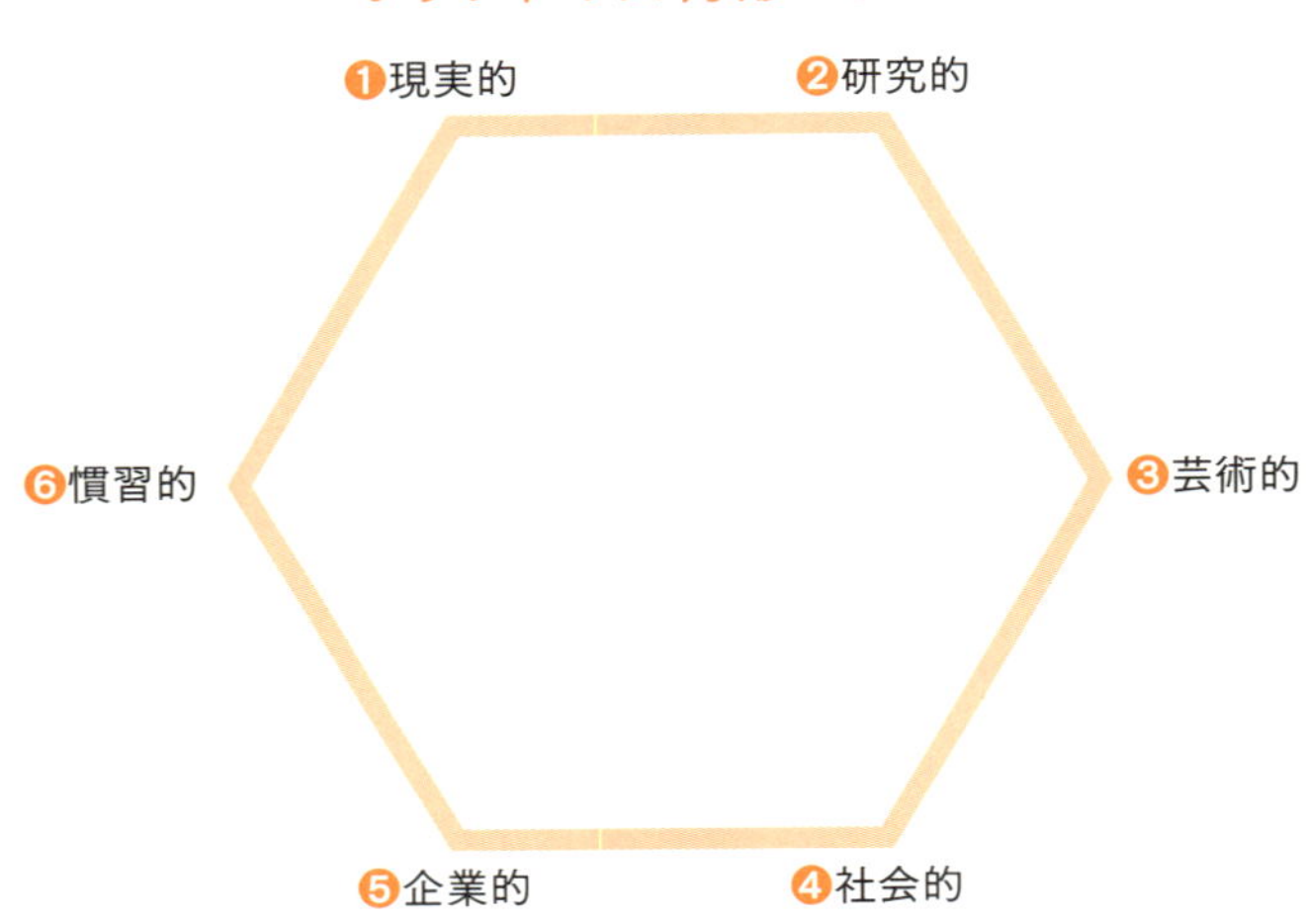

❸ 芸術的タイプ（Artistic）

音楽、芸術、文学等を対象とするような仕事や活動の領域

❹ 社会的タイプ（Social）

教育や支援等、人と接したり、人に奉仕したりする仕事や活動の領域

❺ 企業的タイプ（Enterprising）

企画・立案したり、組織の運営や経営等の仕事や活動領域

❻ 慣習的タイプ（Conventional）

決まった方式や規則、習慣を重視したり、それに従って行うような仕事や活動領域

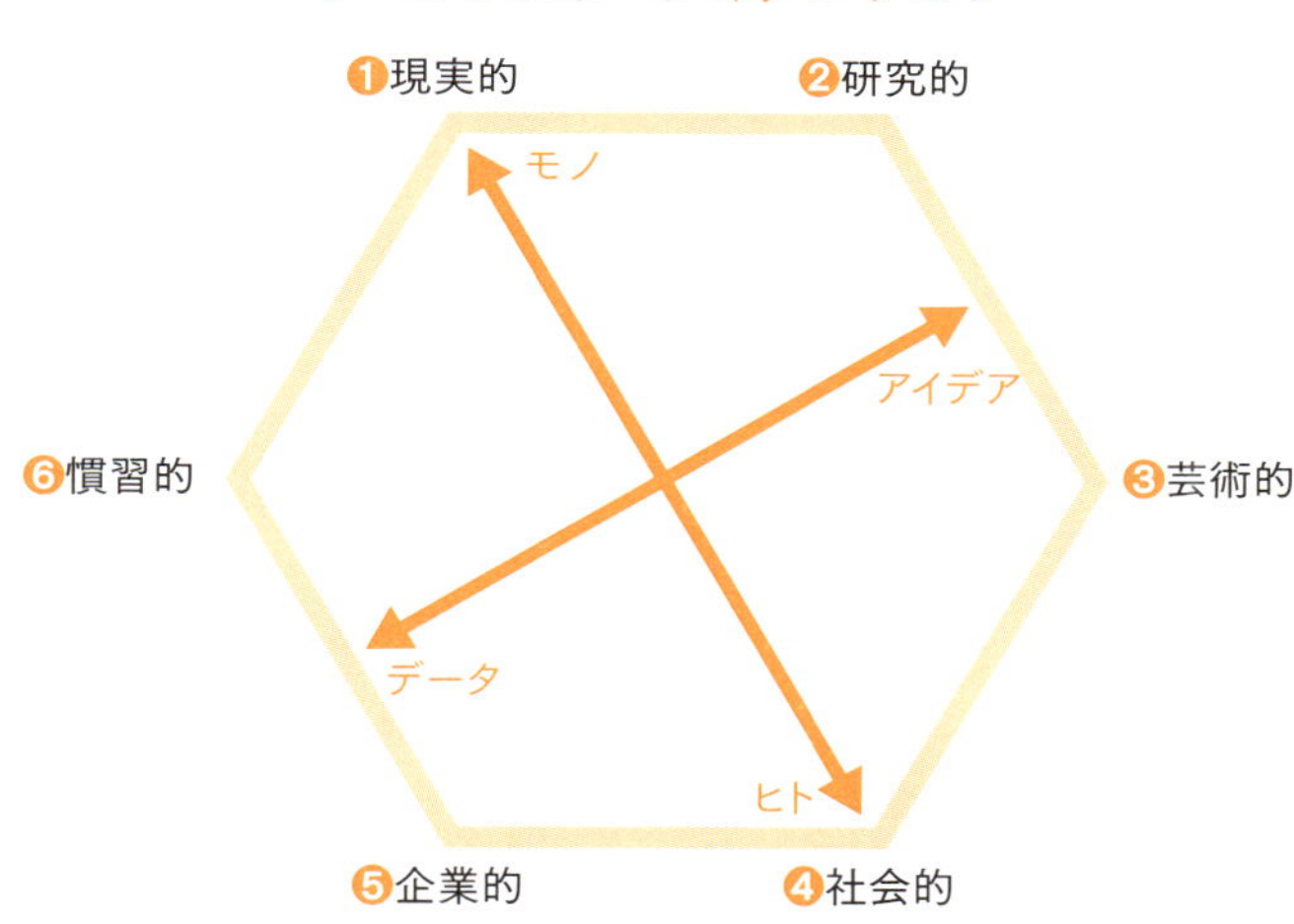

英語の頭文字を取ってＲＩＡＳＥＣ（リアセック）とも言われています。

ホランドは、人にも職業にも同じ6つのタイプが存在し、人は自分の性格特性と一致するような職業環境で働くことによって、職業的な満足度や安定性が高くなるとしています。

この6つのタイプを正六角形の頂点に配置してみると、両隣りの2つのタイプとは比較的親和性が高く、対角線上のタイプ同士は相反する関係にあることが見て取れます。個人のパーソナリティは1つのタイプに限定するのではなく、自分のタイプに近い、隣り合った3つのタイプの組み合わせで表されます。これによって、自分に適した、あるいは不適切な職業分野を見つけやすくなり、キャリア選択の方向付けに役立てることができます。

日本では、この理論を用いてVPI職業興味検査や職業レディネス・テストなど、職業選択のためのツールが開発されています。

また、職業心理学者のプレディガーは、ホランドの理論をベースに、4つのワーク・タスク（仕事上で主に扱う対象による分類）として、「データ」「アイデア」「ヒト」「モノ」があり、すべての職業の基礎はこの4つの分野に存在するとしました。それぞれのパーソナリティタイプに属する人は、この4つの分野のどれを重視しているか当てはめることができます。そしてプレディガーは、これらの4つを「データ　対　アイデア」「ヒト　対　モノ」の2つの次元にまとめています。この2軸を六角形と重ねること（ワークタスク・ディメンション）で、より具体的な職業を結びつけることができるのです。

人生のチャンスを掴むための理論

「偶然を味方につけ、うまく利用しよう」
計画された偶発性（ジョン・D・クランボルツ）

アメリカの心理学者、クランボルツによって提唱されたのが、「計画された偶発性」あるいは「計画的偶発性」と呼ばれるキャリア理論です。

この理論が示す内容をごく単純化していえば、「キャリアは偶然で決まることも多いから、そんなにガチガチに決めて考えずに、偶然をうまく利用しよう」ということです。

これだけなら当たり前のことをいっている気もしますが、それまでのキャリア理論では、将来を見据えてしっかりした計画のもとに、キャリアチェンジをしていくことがよいことだとされていました。

しかし、いくら計画を立てても、人生はそんなに計画通りに進むものではありません。クランボルツの研究では、満足して働いている人の8割が、本人の予想もつかない偶然の出来事によってキャリアが決定されていたとのことです。つまり、偶然の出来事がきっかけで起きた転機（トランジション）が、そのときは不本意であったとしても、結果的には幸せなキャリアへとつながることもあるのです。

偶然を味方につけるための「5つの行動指針」

そこでクランボルツは、偶然というのは避けるべきものではなくて望ましいものであり、むしろ意識的に偶然を引き寄せて、利用しようと提案したのです。

つまり、どんな偶然が起こるかわからないけれど、偶然を待っているだけではダメで、いつか偶然が来ることを予測して、その偶然が来たときに行動できる心構えをしておこう――これが「計画的」という言葉の意味です。偶然を計画するなんて、面白いですね。

さらに、偶然の出来事に遭遇したとき、どうすればそれをうまく活用できるのかについて、クランボルツは「偶然を味方につけるための5つの姿勢」を提示しました。

このような姿勢を常に持って行動していれ

ば、偶然の出来事に遭遇したときに意識的にキャリアデザインのために活用できるというわけです。

この5つの指針の中核にあるのが「オープンマインド」です。これは、常に心を開いておくということです。つまり、なるべく多くのことに興味関心を持って積極的に関わろうということが重要であり、どんな出来事も、また人との出会いも何らかの意味を持っているかもしれないと捉えてみることです。そうすることで偶然の出来事を積極的に活用することができ、その結果、あなたの幸せが一つ増えるかもしれません。

たとえば、転職活動をしている人が事務職（デスクワーク）に就きたいという希望を持っているとします。もちろん、それはそれでよいのですが、一つの職務にこだわりすぎるのではなく、他の仕事に対してもオープンマインドでいることで、新たな仕事のチャンスを掴みやすくなり、さらにはもっと生き生きと働くことへの可能性が広がるかもしれないのです。

クランボルツの5つの行動指針は、そういったことをも示唆しています。

また、この理論に類似したものとして「セレンディピティ（Serendipity）」があります。これは、イギリスの政治家であり文筆家でもあるホレス・ウォルポールが作り出した言葉で、「予想外の出来事での積極的な判断がもたらした思いがけない幸運」を意味します。そして、この「思いがけない幸運」を引き寄せるには、行動（Action）・気づき（Awareness）・受容（Acceptance）の3つの要素が重要であるとしています。

どちらも偶然・予想外の出来事を活用することですが、クランボルツの偶発性理論は「意識的に偶然を作ること」に重きを置き、セレンディピティは「偶然を幸運に変える為に行動すること」に重きを置いているように見て取れます。

中年期以降の危機についての理論

「40代・50代はやることがたくさんある!!」人生の正午（カール・G・ユング）

1. 以前に比べて、健康に対する関心が増してきた。
2. 私は、もう若くないと感じる。
3. 疲労回復が遅い、酒に弱くなった、睡眠不足がこたえるなど、老化や体力の衰えを感じる。
4. 自分の年齢から考えると、何か新しいことを始めたり、チャレンジするにはもう遅すぎると感じる。
5 これから先、自分が元気で働ける年月・時間には限りがあると感じる。
6 近親者や友人・知人の死によって、自分の寿命はあと何年くらいかと考えることがある。
7 以前のように仕事に集中できないし、あまり意欲もわかない。
8 これから先、自分のできる仕事・業績や出世などに限界を感じる。
9 いろいろなことに対して消極的になってきた。現状を維持できれば、それでよいと思ってしまう。
10 自分の老いゆく姿や死について関心が増してきた。
出典：「アイデンティティ生涯発達論の射程」岡本裕子／ミネルヴァ書房刊／P190

40代、50代の読者の方はこのように感じたことはありませんか。

60代以上の方は「そうそう、当時はそんな風に感じたな」と思われたかもしれません。


このように40代・50代は体力的にも精神的にも曲がり角になるタイミングです。

19世紀に生まれ、同時代のフロイトと並ぶ精神分析学、心理学の大家であるユングは、この世代を「人生の正午」と名付けました。

人生の正午

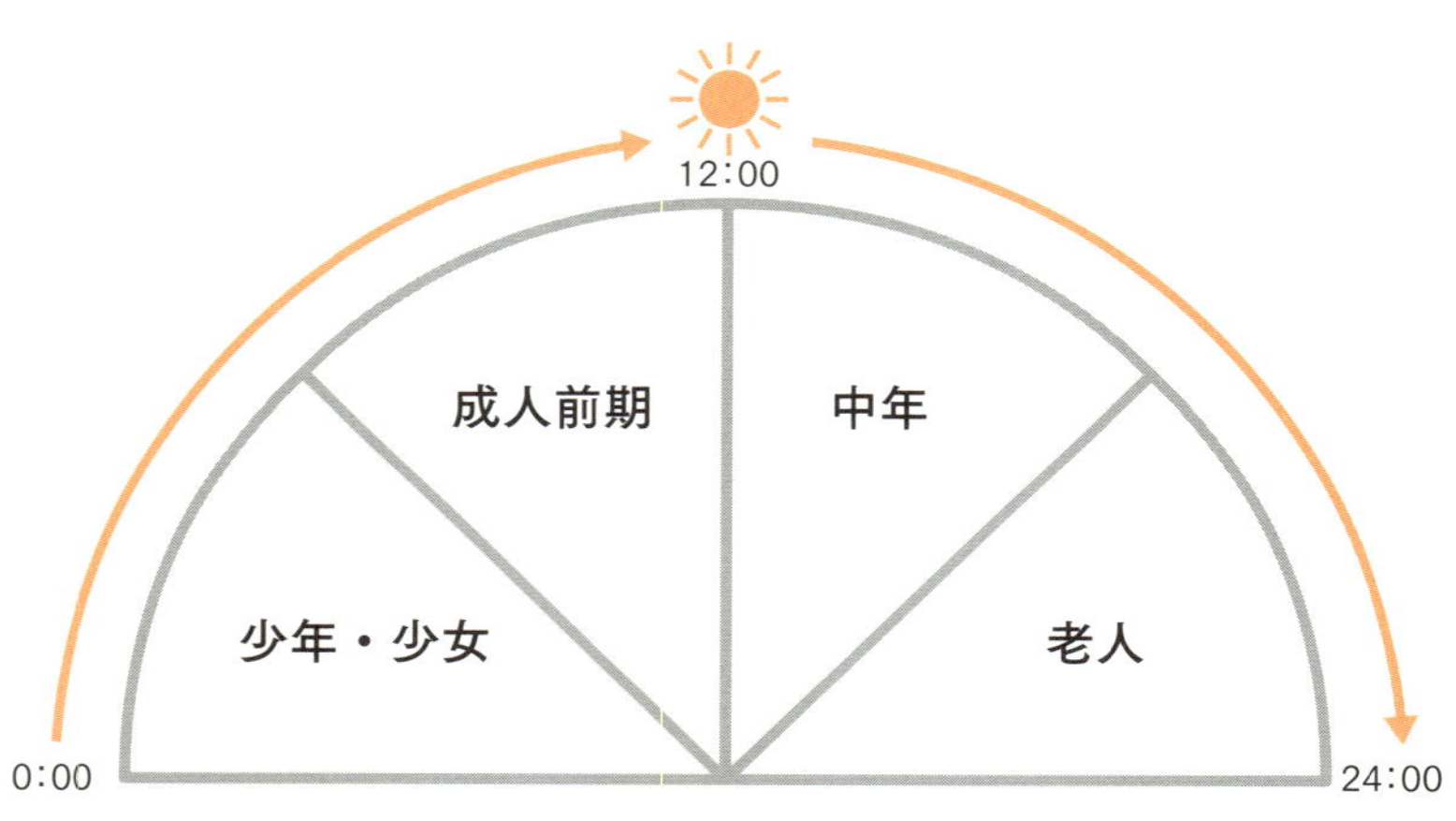

（参考：http://www.from-n.jp/learn/fumiko_nishizawa/nishizawa02/1217/1/）

ユングは、人の一生を、少年・少女、成人前期、中年、老人という4段階に分けました。そして、それぞれの段階を1日の太陽の動きになぞらえたのです。日の出が誕生、朝が少年・少女期、午前中が成人前期、そして、40歳前後に「人生の正午」をむかえ、その後、午後の中年期を経て、日暮れの老人期が訪れるというわけです。

また、各段階の間には「転換期」という「危機」の時期があり、なかでも最大の危機が、それまで昇り続けてきた太陽が傾き始める「人生の正午＝40歳前後の時期」だとしたのです。

ただ、19世紀に生まれたユングの時代の平均寿命はいまと異なるため、人生100年時代の現代では40～50歳くらいを人生の正午だと考えたほうが妥当かもしれません。

前述のように「人生の正午」が最大の危機になるのは、まず身体、体力的な衰えが始まり、それまでと同じような仕事や生活ができなくなることがあります。

また、子どもが独立する、親が亡くなるなど、家族関係に変化が生じるのもこの時期です。会社での立場も変化することが多くなります。

これらのことにより、人生が後半に差しかかったことが感じられると、いままでの自分とこれからの自分に断絶を感じてアイデンティティの危機が生じるのです。

これはスーパーのライフ・キャリア・レインボーと重ねるとよりわかりやすくなります。（P45参照）人生の正午である40～50代の「役割（ライフロール）」はかなり多くのことが当てはまり、しかもその役割を担う上でも中核となって対応することが多い年代なので、とてもたくさんのことをやらなければならなくなり、肉体的・精神的な負担が大きくなります。この状態を、心理学者のダニエル・J・レビンソンは「中年期の危機」と表現しています。

このようにたくさんのことをやらなければならないとなると、「なぜ自分ばっかりが大変な思いをしなければならないのか」という気持ちになってしまいます。それでも「自分がやらなければ」と頑張ってしまうと疲れ果ててしまい、やがて危機が訪れてしまうことになります。本人からすると「なぜ自分ばかりが」と思ってしまうのですが、「中年期の危機」という表現で示されているように、実は多くの人が同じような経験をしているのです。かくいう私もその一人で、40代前半は正直かなりしんどい時期もありましたが、これらの理論を知ったことで「自分だけではないんだ」と気づき、気持ちが楽になりました。これから40代、50代を迎える若い世代の方も、これらの危機が起こることを事前に知っておくことが大切です。このようなことを想定して備えておけば、そういった状況を回避したり、改善できることにもつながるからです。

「アイデンティティの危機は、人生に3度やってくる」アイデンティティのラセン式発達モデル（岡本祐子）

広島大学の岡本祐子教授が提唱しているのが「アイデンティティのラセン式発達モデル」です。一般的にアイデンティティは青年期（20代前半頃）に確立されるものと考えられています。しかし、この理論では、中年期や老年初期（定年退職期）に、このアイデンティティに危機が訪れ、その危機を乗り越えることで、アイデンティティは再確立されるとのことです。アイデ

アイデンティティのラセン式発達モデル

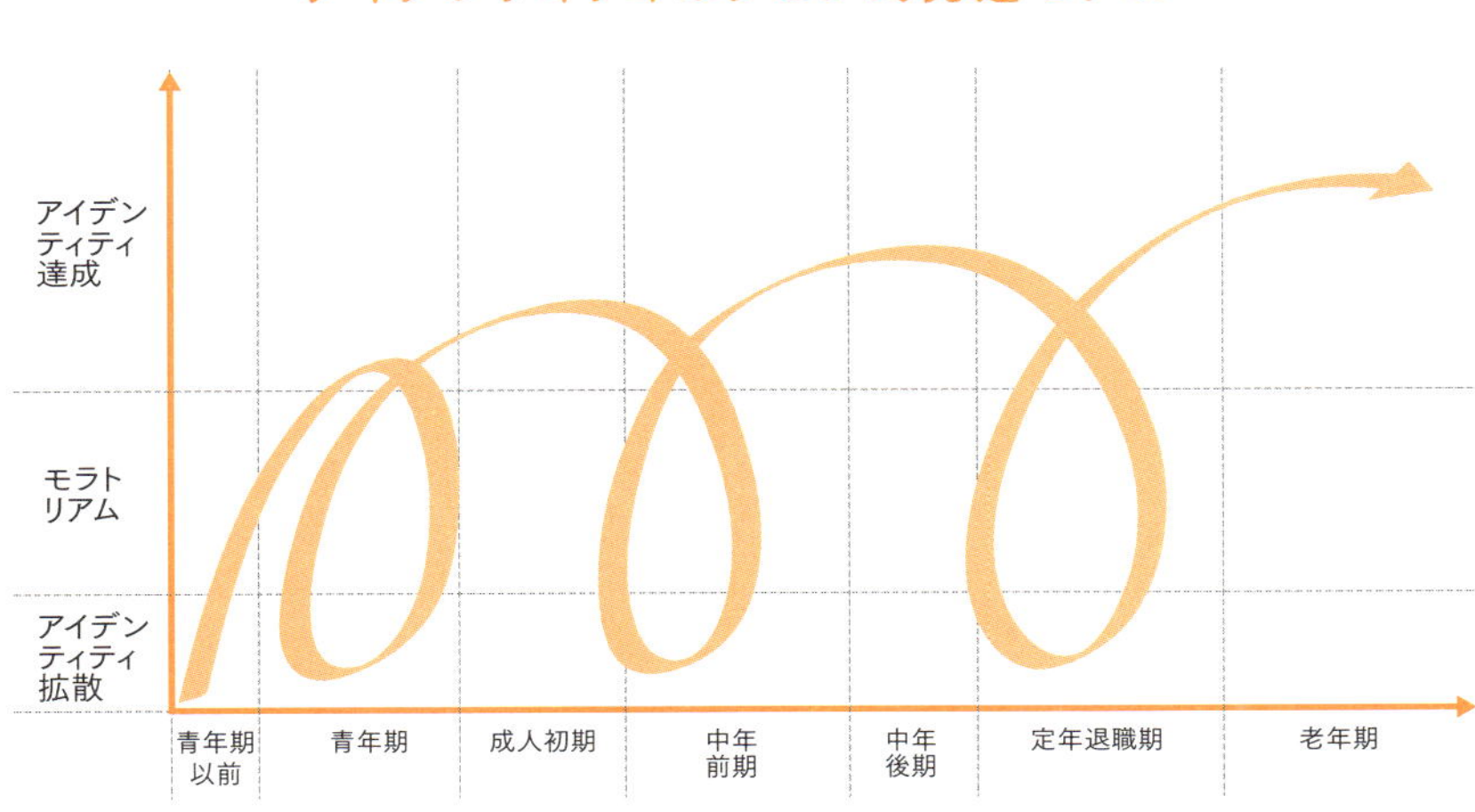

ンティティは、難しい概念でもありますが、簡単にいうと「私とは何か」「自分らしい生き方とは何か」となります。

アイデンティティに対する問いは、「危機の認知→主体的模索→再体制化（再統合）」のプロセスを経ることで、より高いレベルに発達（成長）していくとされています。つまり、いままでの人生を振り返り、自己を再吟味し、軌道修正していくなかで、アイデンティティは再確立されてラセン式に発達していくのです。

組織内キャリアを重視し、自分のアイデンティティが「会社名」となっているような人ほど、定年退職後は「アイデンティティの危機」に遭遇してしまうといわれています。とくに伝統的キャリア（P80参照）のように一社に長く在籍していた人はこの危機に陥りやすいようです。「会社名」という看板、名刺がなくなってしまい、今までうまくいっていたことがうまくいかず、無力さを感じてしまう人もいます。

しかしながら、この理論を知っていれば、そうした状況を広い視野で捉え、成長過程の一部分であると前向きに考えることができるでしょう。そしてこの危機に、会社名に頼ることなく主体的に取り組むことで、さらなる心の成熟へ向かっていけるのです。

「危機」というだけあって、この時期は、アイデンティティがさらに成熟の方向へ進むのか、退行してしまうのかの分岐点ということでもあります。この中年期・老年初期の危機の時期には、これまで自分の生き方を振り返り、問い直すという時間を意識して持っていただけたらと思います。

これからの時代のキャリア理論

「外部の変化に合わせて、柔軟に自分をアップデートさせる」プロティアン・キャリア（ダグラス・T・ホール）

プロティアンとは、自在に姿を変えることができたと伝えられるギリシャ神話の神、プロテウスに由来する言葉です。アメリカ・ボストン大学経営大学院のダグラス・T・ホール教授は「キャリアは組織で形成されるのではなく、個人によって形成され、欲求や環境変化に応じて変幻自在かつ柔軟に方向転換する」として、「プロティアン・キャリア」を提唱しました。

VUCA・人生100年時代などといわれる現代においては、その時々の状況に応じて、変幻自在に自らキャリアを形成していく、自律的な姿勢が求められています。

このプロティアン・キャリアには、次頁の表を含め次の点が重要であると指摘されています。

- 組織から与えられるものではなく、個人によって作られ、管理される自律型キャリアであること。
- 価値の基準となるのは、組織内での昇進や昇給ではなく、自分の成長や充実感などであること。
- アイデンティティ（自己の確立と理解）の基準と、とアダプタビリティ（変化への適応力）の方

伝統的なキャリアとプロティアン・キャリアの対比

項　目	伝統的キャリア	プロティアン・キャリア
主体者	組織	個人
核となる価値観	昇進・権力	自由・成長
組織内外の移動の程度	低い	高い
成功の基準	地位・給料	心理的成功
重要な態度	組織的コミットメント 組織から尊敬されているか	専門的コミットメント 仕事満足感 自分を尊敬できるか
重要なアイデンティティ	組織のなかで私は何をすべきか	自分は何をしたいのか
重要なアダプタビリティ	組織のなかで生き残ることができるか	市場価値はあるか

向性が、組織の内だけでなく外にも向いていること。

このように、伝統的なキャリアにおいては、組織内において、収入の増加や出世して偉くなることに重きが置かれましたが、プロティアン・キャリアは、人生のさまざまな役割のなかで蓄積されてきた能力・アイデンティティをもとにした心理的成功に重きが置かれます。

前述（P55）の外的キャリアと内的キャリアに通ずるものでもあります。

「新しいキャリアストーリーを!!」
キャリア構築理論(マーク・L・サビカス)

ノースイースタン・オハイオ大学のサビカス博士が提唱する「キャリア構築理論」は、変化が激しく先の見通せない時代において、一人ひとりが自分らしいキャリアを築いていくために必要な考え方を示しています。「21世紀のキャリア理論」ともいわれ、スーパーやホランドの基本的な考え方を引き継ぎ、より実践的な理論に発展させたものになります。

この理論は簡単にいうと、「自分の人生物語」を貫く一つのテーマ(ライフ・テーマ)を見つけ出し、そのテーマをもとに職業行動について自分なりの(主観的な)意味や価値を見出そうというものです。人の生き方・働き方が多様化し、転職も当たり前となったいまの時代、会社側に「なぜ自分はその仕事に就くのか」という客観的な意味を求めても、個人のやりがいや原動力となるような答えは得られません。一人ひとりが働くことに対して主観的な意味づけをし、会社に頼らず個別でキャリアを設計していくことが重要となります。

この理論には、キャリアにおける「What」「How」「Why」という3つの視点を用いて整理しています。あなたのキャリアにおいて、何を(What:職業パーソナリティ)、どのように(How:キャリア・アダプタビリティ)実現していくのか、なぜ(Why:ライフ・テーマ)

それをやりたいのかを考えようと提言しているのです。

What：職業パーソナリティ

職業パーソナリティは、「どんな職業が自分には合っているのか」に答えるもので、「個人のキャリアに関連する能力、ニーズ、価値観、関心」と定義されています。これは人と職業とをマッチングさせる概念ではなく、両者がどの程度あてはまりそうかを見る手がかりであるとしています。

How：キャリア・アダプタビリティ

キャリア・アダプタビリティ（適合性）は、「どのように職業を選択し、適応していくのか」に答えるもので、「現在および今後のキャリア発達課題、職業上のトランジション、そしてトラウマに対処するためのレディネス（準備状態）およびリソース（資源）」と定義さています。

サビカスは、人と職業が完全にフィット（適合）することはなく、自分の人生や職業に対して継続的に意味づけや解釈を変化させていきながら、次第に両者を近づけていくことでキャリアを作り上げていくことが重要としています。

そして、キャリア・アダプタビリティは、①関心、②統制、③好奇心、④自信、の４つの次元から構成されるとしています。
キャリアの発達課題に取り組むだけでなく、
❶自らの未来について「関心」を持ち、
❷その未来に対して自分で責任を持って「統制」し、
❸自らの可能性と未来のシナリオを探索することに「好奇心」を持ち、
❹それを実現するための「自信」を持っている
このような態度や能力を高めておくことで、予測できない環境の変化やトランジションに対応し、新しい状況に合わせて適応できるよう準備しておこうというものです。

Why：ライフ・テーマ

ライフ・テーマは、先に述べたように「なぜ働くのか」に答えるものです。これまでの人生で起きた出来事（トランジションなど）、職業経験などを振り返り、一つのストーリーとして再構成していきます。ともすればバラバラに見える、これまでの自分のキャリアに統一感のある意味や価値を与えるものが、ライフ・テーマとなります。大小さまざまな出来事の関連性を見つけ、「すべての出来事はつながっているんだ」と新しい意味づけができたとき、「なぜ自分は働くのか」も明確になっていきます。これは、個人がどんな役割を重視しているのかと関連し、アイデンティティとの関連性が深いものです。

このように「自分の人生物語（ナラティブ）」を通して現実に変化をもたらすアプローチをナラティブ・アプローチといいます。このアプローチも奥深いものですが、簡単にまとめると、今までのネガティブなストーリー（ドミナントストーリーと呼ばれる、問題が染みついた過去のストーリー）を、これからの望ましく代替されたストーリー（オルタナティブストーリーと呼ばれる、問題から解放されたストーリー）へと書き換え、自分にとって意味のあるストーリー、つまり、これからのより豊かな、より幸せなストーリーを語り、実現していくというものです。

「キャリアデザイン思考」とは？

「将来のことを考えるようにいわれたのですが、具体的にどうしたらいいのですか？」『これがしたい』というものが見つからないんです」、私はそんな風に話す求職者をたくさん見てきました。

そんな人に、ぜひお勧めしたいのが、国家資格保持者であるキャリアコンサルタントによる、キャリアコンサルティングを受けることです。

自分ではあまり気づかないことでも、第三者から見ればわかることがあります。キャリア理論を学び、多くの求職者と接してきた経験豊富なキャリアコンサルタントに相談すれば、自分のキャリアや働き方について、有益なヒントが得られる場合が多いでしょう。また、話す（語る）ことで、自分の考えなどが整理されます。そして、なによりも重要である「これからの自分の人生」について自信を持って意思決定できるようになります。

私もそのキャリアコンサルタントの一人なので、誤解がないようにあえて書きますが、キャリアコンサルタントは、「あなたはこういう仕事が向いているから、この仕事に就きなさい」とは指示しません。その点はどうか安心してご相談ください。

しかし、なかなかキャリアコンサルタントに相談する機会がないという人も多いと思います。この本は、まさにそういう方にキャリアデザインを描けるようになってもらうために書いているのです。

本章でさまざまなキャリア理論を紹介したのは、キャリアコンサルタントのような考え方や視点を持って、ご自身のこれからの人生について、より豊かで、より幸せになれるように自分自身の新しいストーリーを描いていただくためなのです。

これが「キャリアデザイン思考」となります。具体的な方法は第4章で説明します。

第3章

これからの働き方と仕事

仕事・職業・労働はどう違う？

皆さんに質問します。

「仕事」「職業」「労働」。
これらの言葉から受ける印象はどう違いますか？

少し考えてみてください。

正解、というわけではないのですが……

まず「仕事」という言葉です。これには「職業」「労働」より広い意味があることに気づくのではないでしょうか。
たとえば、自宅の庭で趣味の家庭菜園やガーデニングをしている人がいます。その人が休日にそこで作業をするときに、「畑仕事をする」「庭仕事をする」といったいい方をします。あるいは、「赤ちゃんは泣くのが仕事」といった風に使われることもありますね。

このとき、仕事という言葉が使われていますが、そこには別に報酬が発生しているわけではありません。

つまり、仕事というのは、有償無償を問わずに、なにかの意図を持って意味のある作業をする場合に使われる言葉ということです。

一方、「職業」や「労働」という場合はどうでしょうか。通常は、趣味の家庭菜園や赤ちゃんの行動などは含まれません。生活の糧となる対価を得て行う場合にのみ、職業や労働という言葉が用いられます。

「職業」という言葉を用いる場合には、任務、使命といった「やるべき価値のあること」「誇りを持って取り組んでいること」というニュアンスがあります。

「労働」となると、「生活のためにやらざるを得ないもの」「命令されて行うもの」という、ややネガティブなニュアンスが感じられます。

働くことに前向きになるには

「仕事」「職業」「労働」、キャリア迷子の方のなかには、この3つの言葉すべてにネガティブな印象を持つという方もいるのではないでしょうか。これらはすべて「働く」という動詞で表される内容の行動をともないます。憲法に「勤労の義務」が定められているように、働くことには強制的、義務的なニュアンス、「やらされ感」が多かれ少なかれついてまわります。

けれども、そんな風に捉えられるのはもったいないことです。たしかに働くことには苦痛がともなうこともありますが、一方で、大きな喜びや達成感、楽しさを感じられる瞬間もあり、後述しますが、幸せな人生を築くための重要な要素でもあります。最近では「キャリア権」といって、働くことを義務と捉えるのではなく、「働く人が自分の意欲と能力に応じて希望する仕事を選択し、職業生活を通じて幸福を追求する権利」という考え方も注目されているのです。

次の寓話を読んで考えてみてください。

18世紀のイギリスでの話です。街角でなにか建物の建築工事が行われており、そこに3人の石工が働いていました。

脇を通りかかった人が、働いていた3人それぞれに、「あなたは何をしているのか」とたずねました。

最初の人は、つまらなそうな顔で「仕事だよ。これで食べている」と答えました。

2番目の人は、手を休めずに、「石工さ。私は腕のいい職人なんだ」といいました。

3番目の人は、嬉しそうに目を輝かせながら、こういいました。「教会を建てているんだ」。

さて、3人は働くことでなにを求めていたのでしょうか？　少し考えてみてください。

これは昔からある寓話ですが、話の中では、3番目の人はさらに「この地域の心の拠り所を作っている」と付け加えた、とされています。

この寓話は、働くことの意義や価値について考えさせてくれます。生活の糧を得ること、自分が持つ技能や知識を活用すること、こういったことでも、もちろんある程度の満足感を得ることができるでしょう。

しかし、それらを超えて、直接、社会の役に立つことをしたり、自分が心から信じるものを実現したりすることで、より大きな満足感が得られるということです。3番目の人の答えは、他者（地域の人々）の役に立つことが自身の満足につながっているから出たものです。このように〝誰かのために働く〟と答えることは美しいと感じられがちですが、これも問いに対する唯一の正解というわけではありません。皆さんはどんな答えを思いついたでしょうか？

「自己実現を果たすまでの5ステップ」マズローの欲求5段階説

この寓話に示されていることを理論的に説明したのが、心理学者であるマズローの「欲求5段階説」です。非常に有名な理論なので、皆さんもどこかで見たことがあると思いますが、簡単にご紹介します。

マズローの欲求5段階説

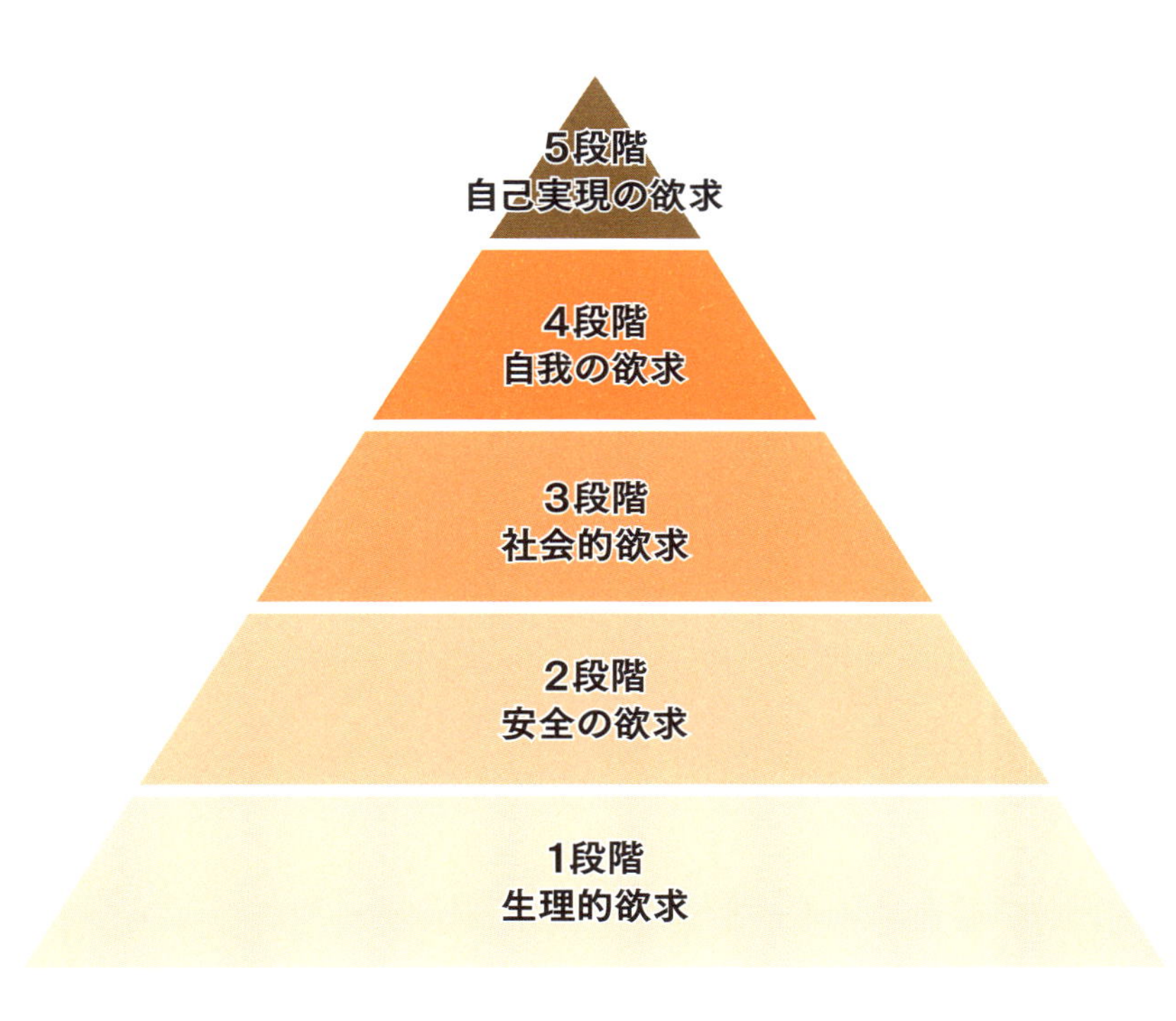

マズローは、人間の欲求を、次の5つの段階に区分しました。

第1段階：生理的欲求

生きるために必ず必要なもの、たとえば、水、食料、睡眠、衣服などを求める欲求です。これらがなければ死んでしまいますので、最初に求められるものとなります。

第2段階：安全の欲求

水や食料があっても、心身に危害を加えられるような状況では不安です。暴力を受けたり、危険にさらされることなく、安全に暮らせることを求める欲求が、第2段階になります。日本のような現代社会でいうならば、安定的な収入があり「その日暮らし」をしなくて済むということも、第2段階に含まれるでしょう。

第3段階：社会的欲求（「親和の欲求」「愛と所有の欲求」とも）

第2段階までは、安定的に生命を維持するということに主眼が置かれています。第3の段階では、なんらかの社会集団に帰属し、役割を与えられることが欲求されます。集団とは、家族、友人、会社、地域、宗教・政治団体、趣味のサークルなどです。人間はこういった集団への所属なしに幸せに生きていくことは、非常に困難です。

第4段階：自我の欲求（「承認の欲求」「尊重の欲求」とも）
集団に所属し、受け入れられている状態からさらに進むと、他の人から、「あなたはすごい、たいしたものだ」などと認められたい、評価されて自尊心を満たしたいという欲求が生じます。いわゆる「承認欲求」です。

第5段階：自己実現の欲求
自分の能力を十分に発揮して、「理想の自分」「最高の自分」になりたいという欲求です。

この5段階を簡単にまとめると、

1. 毎日ご飯を食べられて清潔な場所で寝られる
2. 安定した収入があり、平均的な生活を送れている
3. 人との友好的な関わり合いが持てている
4. 仕事ぶりを見て人から認められる、評価される
5. 自分の資質やスキルを活かしながら、最大限、自分らしく働けている

これらがある程度叶うことで、人は欲求が満たされて幸せを感じるということです。そして第5段階に近づくほど、より充実感や幸福度が高まり、働くことに意義ややりがいを強く感じるようになります。

この理論では、

・低次の欲求が満たされて、はじめて、次の高次の欲求を満たすことが求められる
・高次の段階に達した人は、そこから低次の欲求の段階に後戻りしない

ということを主張しています。

なお、マズローは人間は誰でも第5段階を目指す気持ちを持っていると考えたので、欲求5段階説は、「自己実現理論」とも呼ばれます。

このマズローの欲求5段階説はあくまで「仮説」ですが、働くことに対して前向きになれないという人は、たとえばいまの会社では、このような自己の欲求を満たせているか？ という視点で一度見直してみるのもよいかもしれません。転職を考えている人ならば、次の職場でいまと同じか、それより高い段階の欲求が満たせそうか？ と考えながら転職活動に取り組んでみてください。要は、この仕事をすることで自分は幸せになれそうか？ と自問してみるので

す。第5段階の欲求まで叶う会社はなかなかないかもしれませんが、会社を自分の幸福度を高めていくための場として捉えることで、「嫌々」「やらされ感」は軽減されるかもしれません。

さて、前述（P91）の寓話の3人が突然の転機で職を失ってしまった場合、それぞれどのような仕事に再就職できたかを想像してみてください。

仕事になにを求めるのか（働く意義について）

「なぜ働くのか？」という問いかけや、そうしたテーマを取り上げたセミナーや書籍などが、近年になって増えてきたように思います。人の生き方・働き方が多様化してきたいま、働く意義や目的についても、それぞれが独自に模索していかなければならなくなったということでしょう。またこれは、前述のマズローの欲求5段階において、最終段階である自己実現の欲求に着手する人が増えてきたからという見方もできます。自己実現とは、自分の個性（強み）を発揮したり、自分にしかできないようなことを成し遂げたりするということなので、やはりそれぞれが、自分なりの答えを持っていることが前提となります。

ライフ・キャリア・レインボーを提唱したスーパーも同様に、「仕事とは、自分の能力や興味、価値観を表現するものである」（つまり仕事=自己実現の場）として、人が仕事に求める価値には以下の14項目があるとしました。

1. 能力の活用─自分の能力を発揮できること
2. 達成─よい結果が生まれたという実感を得ること
3. 美的追求─美しいものを作り出せること
4. 愛他性─人や社会の役に立てること
5. 自律性─他からの命令や束縛を受けずに自律できること
6. 創造性─新しいものや考え方を作り出せること
7. 経済的報酬─たくさんお金を稼げること
8. ライフスタイル─自分の望むような生活を送れること
9. 身体的活動─身体を動かす機会が持てること
10. 社会的評価─社会に自分の仕事の成果を認めてもらえること
11. 危険性、冒険性─わくわくするような体験ができること
12. 社会的交流性─さまざまな人と接点を持ちながら仕事ができること
13. 多様性─多様な活動ができること

⑭ 環境──仕事環境が心地よいこと

自分は何のために働いているのかわからなくなっている、という人は、これらのうち、どれが実現すれば自分は幸せと感じるのか考えてみてください。一つに限定する必要はありません。スーパーは、このなかのどれか一つ、あるいはいくつかの価値観の組み合わせにより、個々の仕事に対する価値観が生まれていると説明しています。

働くことの意義については、この他にも、以下のような考え方があります。

「組織と人は相互に作用し合い成長していく」（エドガー・H・シャイン）
「『人』と『環境』が相互作用をしながらその人特有のパーソナリティ（性格）が発達していく」（ジョン・L・ホランド）

働くことで、人は相手や対象、そして組織になんらかの影響を与えると同時に、そこから自分も影響を受けます。つまり、働くことを通じて、自分が変化（成長）していくということです。
働くことでしか経験できないことはたくさんあり、それらを通して人間として成長したい、というのも、働く理由になり得るでしょう。

勘違いしてしまう人が増えている

ここまで読んで、「いまの仕事を続けていても自分は幸せになれない。よし、転職しよう！」と思われた方も、もしかしたらいるかもしれません。しかし、性急にそのような決断を下すのは少々危険であるという話をさせていただきます。

昔と比べて転職が一般的になり、ワークキャリアを選び直しやすい環境が整っています。そのこと自体は、悪いことではないと思います。なぜなら、ワークキャリアを選び直せないと思い込んでいることが、過労になるまで働いてしまうような不幸の原因の一つだからです。

しかし、その反面、あまりにも簡単に、深い考えなしに選び直そうとしてしまうために、どんどん幸せな結果から離れていき、不満ばかりが大きくなってしまう人もいます。

たとえば、新しく入った会社で、仕事を覚える意味で下積み的な作業が課せられ、新しい同僚との間にコミュニケーション上のトラブルが発生。しかも、求人票とは違う仕事内容も命じられたり、同い年か年下くらいの先輩に「なんでできないんですか？」と非難されてしまったり……。そんなときに、「こんなことをしていても、自分のキャリアにとってプラスにならない。

もっと今後に役立つ仕事を選ぶべきだった」と考えて、気がついたら「もうここには戻るまい」と誓ったはずの転職サイトをのぞくようになっている、という感じです。

若い人からすると「昭和かよ!」と思われるかもしれませんが、「石の上にも3年」といわれるように、私個人としては、社会人としての基礎スキルを身に付けるためには、一つの会社で3年程度は働いて、さまざまな経験を積むことが必要だと思います。簡単に転職を繰り返してしまうと、基礎的なスキルが身に付かないだけでなく、事実としてどんどん選択肢が狭まってしまいます。つまり、安易すぎる転職はあなたが幸せになる確率が下がるので、慎重になって欲しいということです。

いまの世の中には、たとえば、学生のうちからユーチューバーになって多額の報酬を得る人もたくさんいます。あるいは、アフィリエイトのようなネットビジネスなど、自分の才覚だけでお金を稼げる方法もたくさんあります。

そのような環境を背景に、若い起業家のなかには、会社員として教育を受けながら少しずつスキルを身に付けるような、時間がかかる方法を、非効率的だとして否定するようなことをいう人も少なくありません。

もちろん、そういう成功者の成功自体は素晴らしいことです。優れた能力や突出した個性を持っている人たちにとっては、従来の会社組織の枠組みに縛られながら、組織の一員として働くよりも、自らの能力を活かしながら自分だけの力で稼いでいくことや、会社という枠に縛られないネットワークによりチームを作るようなやり方のほうが、理にかなっているでしょう。

しかし、それが誰にでも実現できることかといえば、それも違うのではないかと思います。多くの人にとっては、会社に入社し、社員教育を受けながら、長い時間をかけて少しずつ組織人、社会人としての常識やスキルを身に付けていくことが、幸せに近づくためのプロセスとなるでしょう。決して強制するわけではありませんが、そこに誤解があると、やはりキャリア迷子になりやすいような気がします。

ここからは、私がキャリアコンサルタントして求職者の方の相談に乗るなかで、組織で働く上でこれは知っておいたほうがいいなと思った考え方などをいくつか紹介します。個人が組織と適切な関係性を保ちながら、安定的にキャリアを築いていくための参考となるはずです。

見えないスキル（非認知的スキル）を磨いておく

転職などによるキャリアチェンジを考える際に、どんな「スキル」を持っているかが大切だといわれることがよくあります。

キャリアチェンジに有利になるからと、さまざまな業務スキルを身に付ける方もいますし、資格取得でスキルをアピールしようとする人もたくさんいます。

とくに最近は「リカレント」（recurrent：学校を卒業後の学び直し）や、「リスキリング」（reskilling：職業能力（スキル）の再開発）といった言葉が流行語のようにもなっています。学び直しやスキル取得に無頓着でいるよりは、積極的に業務スキルを身に付けようとする姿勢が高く評価されることもあります。

ただし、そこで覚えておいていただきたいのが、ジェームズ・J・ヘックマンによる「認知的スキル（認知能力）」と「非認知的スキル（非認知能力）」です。

認知的スキルとは、数字や言葉で明確に表せるスキルのことです。たとえば、IQ（知能指数）、学力、TOEICの点数、簿記やパソコンなどの資格取得は、認知スキルの代表的なものです。

一方、非認知的スキルとは、たとえば、まじめさ（誠実さ）、組織内でのコミュニケーション能力、業務に対する積極性、リーダーシップなど、数値では測りにくい能力のことです。ビジネスに取り組む際の「マインド」と言い換えてもいいかもしれません。また、非認知的スキルを「性格スキル」と呼ぶこともあります。

一般的にスキルといった場合、認知的スキルが着目され、非認知的スキルに言及されることは少ないのですが、実は非認知的スキルのほうが、より広く応用できる汎用的なスキルです。また、非認知的スキルの高さが、認知的スキル取得の土台のような基礎になるという面もあります。

ところが、目に見えてわかりやすいために、資格取得などの認知的スキルを高めることばかりに注力し、それによってなにかバラ色の未来が得られるように勘違いをしている人も少なくありません。

一方、会社では、より基礎的で汎用性が高い非認知的スキルの高さを重視していることも多いのです（もちろん、ケース・バイ・ケースではありますが）。

そして、仕事において必要とされる非認知的スキル——まじめさ（誠実さ）、組織内でのコミュニケーション能力、業務に対する積極性、リーダーシップなど——は、勉強だけしていれば向上するというものではなく、やはり、実際の仕事の経験を通じないと、なかなか向上させることができません。

認知的スキルの向上を図ろうと努力することも悪いことではありませんが、意識して仕事に取り組むことによる非認知的スキルの向上にも目を向けることで、よりキャリアを充実させることができるでしょう。

心理学の分野では性格特性を測る場合「ビッグファイブ」という性格特性理論がスタンダードとなっており、その名の通り5つの因子として「まじめさ（誠実さ）」「開放性」「外向性」「協調性」「精神的安定性」を挙げています。慶応大学の鶴光太郎教授によると、このビッグファイブのうち、とくに「まじめさ（誠実さ）」は、人生のどの側面においても重要であるとのことです。また、これらの「非認知的スキル（性格スキル）」は大人になっても伸ばすことができるとも明言しています。

ブラック企業は淘汰される、ただギブ・アンド・テイクのバランスは重要！

ワークキャリアについて考える際に意識したいポイントの一つが、個人と組織、双方向のバランスが取れていない関係は、長続きしないということです。

簡単にいえば、どんな関係でも「ギブ・アンド・テイク」であり、ギブとテイクのバランスが大切だということです。

このことを組織（会社）の立場から分析したのが、チェスター・バーナードという学者による組織論です。バーナードは、組織論の中で、「組織均衡」という考え方を提唱しました。それは、組織が長期間存続するための条件として、「誘因」と「貢献」という2つの要素のバランスが大切だということです。

たとえば、会社は従業員に労働をしてもらいます。これを従業員の「貢献」といいます。その一方で、会社は給料を払ったり、快適な仕事環境や仕事を通じたやりがいを提供します。これを「誘因」といいます。いわば、ギブとテイクです。

そして、誘因と貢献のバランスがちょうどいいときに組織は長期間存続でき、バランスが崩れると存続できなくなるとバーナードは説きました。たとえば、従業員には多大な貢献を強いておきながら待遇は悪い会社――いわゆるブラック企業――は、長期的に見れば優秀な人材が残りませんから、存続できなくなります。

反対に、仕事であまり貢献しない従業員にも高い給料を支払い続けていれば、その会社はやがて資金が尽きて、やはり長期間存続できないでしょう（なお、バーナードの組織論では、従業員との関係だけではなく、顧客や取引先など、さまざまな相手との間に、誘因と貢献のバランスを見ていくのですが、ここでは従業員との関係に絞って見ています）。

さて、バーナードは組織の立場から均衡を考察しましたが、働く人の立場から考えてもまったく同じことがいえることにお気づきでしょうか。

一生懸命働いて、会社に対して多大な貢献をしているのに、それに対して得られるやりがいや待遇が著しく低いと感じられる状態が続けば、やる気がなくなってしまい、働く意欲は減退します。

逆に、会社から与えられている待遇に対して著しく低い貢献しかできず、求められている成果も出せない状況が長く続けば、会社に居づらくなり、「社内失業」のような状態になってしまう可能性はあります。その結果、退職する可能性も出てきます。

どちらの場合にも、真剣に自身の働き方やキャリアを見直さなければなりません。

働くという行為は、必ず関係のなかで生じるものです。そうである以上、相手（会社など）のほうから見ても、自分のほうから見ても貢献と誘因のバランスが取れていることを意識しましょう。そして、誘因に劣らない貢献を会社に与えられるよう取り組み、必要なスキルや知識を獲得していきましょう。

そのためには自分が会社になにを与えられるのかという視点で、過去のキャリアを点検することも必要です。

エンプロイアビリティが求められるようになった

ここ数年で急速に進んだ雇用や人事をめぐる環境変化、引いては社会経済そのものの急激な変動がある中で、エンプロイアビリティの重要性が高まっています。

「エンプロイアビリティ（employability）」という言葉をはじめて聞く人もいると思います。これは、英語のemploy（雇用する）とability（能力）という語を合わせて作られた言葉で、日本語では「雇用され得る能力」と訳されます。従業員として、会社に雇用され、また、雇われ続けるために必要な能力ということです。

エンプロイアビリティが高ければ、企業から雇用されやすく、また、雇用されたあとに解雇されにくくなります。

もともとアメリカで生まれた考え方で、ご存知のようにアメリカは、企業が従業員を自由に解雇できることが前提になっているからこそ、解雇されずに雇われ続ける能力が重要だというわけです。

日本でも、今後の働き方を考える上で、知っておきたい概念です。もちろん、転職などにより、いままでと違う会社に雇用される場合にも、役立つ概念です。

雇用制度の変化ということ以外に、VUCA時代、とくにテクノロジーの進歩が速いことも、エンプロイアビリティと大いに関連しています。指示されたことだけを受け身でこなしていれば済む業務というのは、単純な繰り返し作業が多いでしょう。

しかし、ご存じのように、IoT、センシング技術、AI、ビッグデータ処理などにより、単純作業は機械に置き換えられるようになり、人間がやる仕事ではなくなりつつあります。まったく人間が働いておらず、産業用ロボットが全自動で機械を生産し続ける「無人工場」も増えています。

工場だけではなく、オフィス仕事においても、RPA（ロボティック・プロセス・オートメーション）などの自動化技術により、書類作成、データ処理などの多くが、自動化処理されつつあります。文章を書いたり、デザインを描いたりといった、いわゆるクリエイティブ業務においても、AIによる対応が進化しており、近い将来にはある程度の部分までは人間に置き換わるものと思われます。

そうなると、人間が本当にやるべき仕事は、これまでになかったまったく新しいことを考えたり、パターン化された機械の動きでは対応できない、その場の状況や相手に応じて臨機応変な対応をしたりする仕事になるでしょう。

そして、そのような仕事は「与えられた業務をただ受け身でこなしている」という姿勢とは、相容れないものです。人間がやる仕事は、自分で考え（クリエイティブ）、管理する（マネジメント）必要があるものだけになっていくでしょう。

・自律的、積極的、能動的な働き方＝人間がやる仕事
・他律的、消極的、受動的な働き方＝機械・ＡＩがやる仕事

という棲み分けが広がれば、「指示された業務だけを受け身でこなして、なるべく余計なことはせず、働いた時間分の給料がもらえる」ような仕事自体が、人間が行う仕事としていつまであるのかわからなくなります。

雇用されて働き続けるためには、自律的、積極的、能動的な働き方をすることが、最低限のエンプロイアビリティとして求められるようになるでしょう。

そして、自律的、積極的、能動的な働き方をするためには、まずはきちんと自己理解しておく必要があります。すなわち、キャリアについて深く考えるということであり、キャリアデザインの第一歩となります。

働き続けるためには、エンプロイアビリティを高めなければならず、そのためにはキャリアについて深く考えざるを得ない、ということになるわけです。

キャリア迷子にとってのエンプロイアビリティ

エンプロイアビリティを高めるという考え方を聞いたとき、こんな風に思われる方もいるかもしれません。

「それって結局、会社にとっていいように使える、便利な従業員ということじゃないの？」

しかし、決してそういうことではありません。

先に見た組織均衡の「貢献と誘因」のバランスからもわかるように、会社と従業員とのどちらかが一方的に得をするような関係は、長期的に維持できません。

エンプロイアビリティを高めるということは、自律的、積極的、能動的に業務に取り組んでキャリアを積むことにより、会社との対等な雇用関係を長期的に維持できるようにするということです。

もし、会社から不当な評価がされる、貢献と誘因のバランスが取れていないと感じる状態が改善されないときは、エンプロイアビリティが高い人ほど、会社を辞めやすくなります。なぜならば、エンプロイアビリティが高ければ次の転職先が見つけやすいため、嫌な会社で我慢して働き続ける必要はないからです。

あるいは、会社の事業転換によって所属していた部署が廃止され、別の部署に異動になるといった際にも、エンプロイアビリティが高い人は望む部署への異動がしやすくなります。

つまり、エンプロイアビリティを高めることは「会社のいいなりになる」といった状態とは、むしろ正反対であり、自分が望むキャリアデザインを可能にすることなのです。

逆に、働くということに対してとくに意識を持たず、命じられた業務をただこなしているだけ……、という人のエンプロイアビリティが高くなることはないでしょう。

結局、そういう人は会社が変化するときには、仕事を継続していくことすらも難しくなっていきます。そういう人が、変化する会社にしがみつこうとすれば、それこそ、「会社にとっていいように使える、便利な従業員になる」しかないかもしれません。それは、幸せなキャリアデザインとは正反対の道ではないでしょうか。

幸せなキャリアを実現するために

エンプロイアビリティを高めるためには、働くことに意識的に取り組み、自律的、積極的、能動的にキャリアを積んでいくことが必要です。

そして、意識的な働き方をするための前提として、仕事に対して、やりがいや意義を見出すことがなによりも大切です。

自分の生き方の価値観にフィットし、自己実現ができるような働き方ができれば、エンプロイアビリティが高まってキャリアデザインの幅が広がり、さらに充実したワークキャリアを築いていくという具合に、好循環が生まれます。

一方、前述（P91）の石工職人の寓話の1番目の人のように、食べるためだけに仕事を続けていると、エンプロイアビリティは高くならず、それがキャリアデザインの幅を狭め、そのことで状況は一層悪くなるという悪循環に陥ってしまうのです。

第4章

キャリアデザイン思考を身につけよう

未来を具体的にイメージできますか？

皆さんに質問します。

10年後の自分は、なにをしているでしょうか。
また、20年後の自分はどうでしょうか。
具体的なイメージを思い浮かべてみてください。

（A）具体的なイメージが思い浮かぶ
（B）具体的なイメージが思い浮かばない

正解、というわけではないのですが……

（A）具体的なイメージが思い浮かぶ
10年後、20年後に自分がどうなっているかは、これまでのキャリアを踏まえた上で、これからどんなキャリアを積み重ねていくかによって決まります。

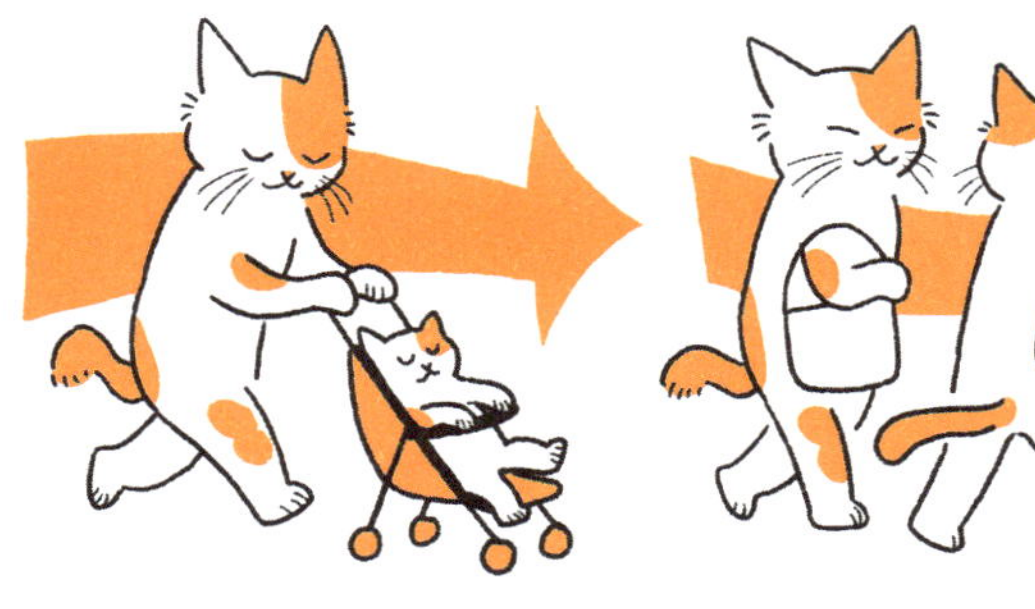

遠い将来のイメージをうまく思い浮かべることができるということは、過去の、そして現在進行中のキャリアに対して、高い意識を持っているということに他なりません。

幸せな将来像が具体的にイメージできたのであれば、素晴らしいことであり、あとはそのイメージを現実化できるように、具体的な行動によりキャリアを積み重ねていけばよいでしょう。

（B）具体的なイメージが思い浮かばない

おそらく、多くの人はあまり具体的なイメージが思い浮かばなかったのではないかと思います。しかし、気にすることはありません。キャリアに対して意識的ではなく、そのために将来像もはっきりしていない人も意外と多いのです。

この第4章では、第3章までに述べてきた話を踏まえた上で、読者の皆さんが実際に「キャリアデザイン思考」で自分のキャリアを描けるように手順を解説していきます。

キャリアを考えることは山登りに似ている

皆さんは、山登りやハイキングをしたことがあるでしょうか？

いまは、山登りでもＧＰＳによるナビゲーションを使うことも増えましたが、万一の故障なども考えると、やはり紙の地図とコンパスが欠かせません。

ＧＰＳ機能がついたカーナビなどとは違い、紙の地図は、それだけを見ても自分がいる現在地は、すぐにはわかりません。出発地点から進んできた方向や移動時間（距離）、周りにある目印となる道標や建物、川や地形、そういったものをヒントにしながら、自分のいる位置を特定します。

そして、現在位置がわかったら、目的地に向かってどのように進んでいけばいいのかを考えます。目的地までの距離と自分の歩く速さなどを考えて、あとどれくらい歩けば目的地に着くのか、途中で危険箇所や迷いそうなところはないか、水や食料はなくならないか、体力はもつか、悪天候になることはないか、といったことを考えなければなりません。場合によっては、当初考えていた目的地ではなく、別の場所を目指したほうが安全だという判断になり、予定を変更する必要があるかもしれません。

そうやって、常に現在位置と自分の状況、周囲の状況を確かめながら、安全に目的地を目指して進んでいくのが、山登りの行程です。

以上をまとめると山登りに必要なのは次の5つのステップになると思います。

1 自分のいる位置を知る
2 自分の周囲の状況を知る
3 目指す目的地を確認し、そこまでの道筋、時間、危険などを確認する
4 意思決定し、行動する
5 その時々の状況に適応し、必要に応じて変更する

本章では、この5つのステップをもとに「キャリアデザイン思考」を説明していきます。

プレステップ
多くの人は、トランジションをきっかけにキャリアを見直す

学校を卒業して、はじめて就職をしたとき、ほとんどの人は、不安は抱えつつもやる気と希望に満ちて仕事に就くはずです。

ところが、なにかのきっかけによって、「こんなはずではなかった」と、思い描いていたキャリア像との違いを感じるときがあります。それがささいな違和感であれば、無視しておくこともできるでしょう。しかし、どうしても拭いきれない大きな不満や失望が生じたとき、それまでの考えていたキャリアの道が終焉し、ニュートラルな状態になります。つまり、トランジションが発生するのです（トランジションについてはＰ33参照）。

なにかが終わってしまった、けれども新しいことも始まっていない。そんなニュートラルな状態のときが、キャリアを見直し、キャリアデザインをやり直す、絶好の機会になります。

4S点検

トランジションに遭遇し、キャリア迷子になった方が相談に来られたとき、私がまず実施するのが、４S点検です。これは、トランジションについて論じているナンシー・シュロスバー

グが提唱している理論で、トランジションを乗り越えるために活用できる、以下の４つの内的資源を点検するものです。

❶状況（Situation）
（転機の）原因、予期、期間、体験、ストレス、認知等

❷自己（Self）
仕事の重要性、仕事と他のバランス、変化への対応、自信、人生の意義

❸周囲への支援（Support）
よい人間関係、励まし、情報、紹介、キーパーソン、実質的援助

❹戦略（Strategies）
状況を変える対応、認知・意味を変える対応、ストレスを解消する対応

この４S点検を一緒に行うことで状況も整理され、これらの資源をもとに、今後の具体的な戦略を立てていくための下準備ができるのです。

ステップ1　自分を知る（自己理解）

最初のステップは、自分を知ることです。

自分を知るというと、なにか哲学的、宗教的な問答のようにも聞こえますが、そういうことではありません。ここではキャリアをデザインする上で必要な自己分析について確認しましょう。

・これまでにどんなキャリアを積んできたのか

↓職歴はもちろん、そこでの業務や役職の履歴、仕事上で意識してきたことなど。また、職歴以外のライフキャリアを含め自分がどんな価値観を持ち、なにを重視して、なにを求めて生きてきたのかを、整理する。ライフラインチャートを書いてみるのもよいでしょう。

ライフラインチャートは、自分の幼少期からこれまでの出来事を振り返り、左図のようなチャートを作ります。横軸は年齢、縦軸は幸福感・充実度となります。それぞれの出来事を書き込み、そのとき思っていたことなどを整理します。そうすることで自分の今までのことを俯瞰できます。

・どんな性格で、得意なこと、苦手なことはなにか

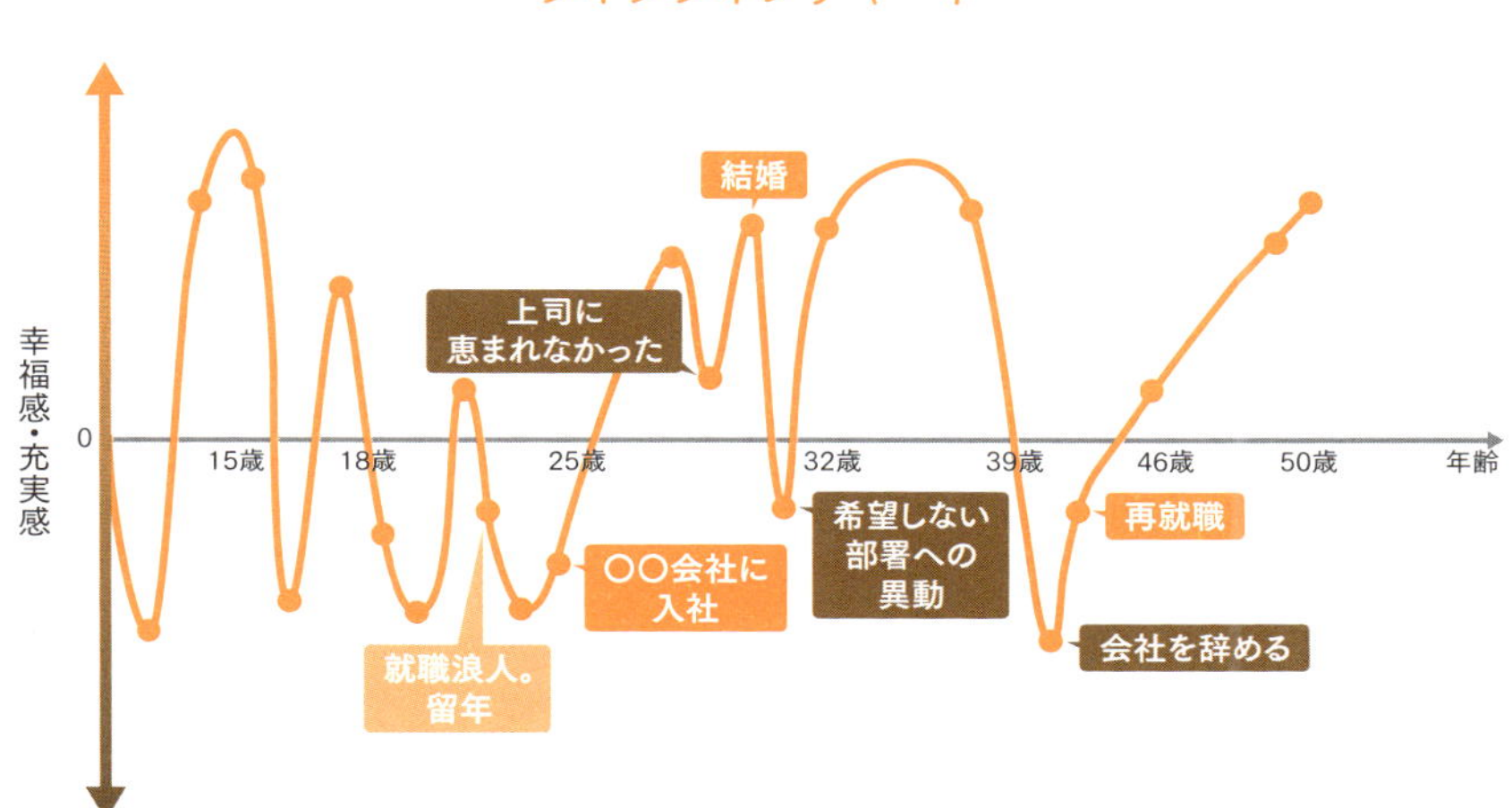

↓たとえば、人とかかわるのが好きなのか、一人でコツコツ働くのが好きなのか、など。

・できること（スキル）はなにか
↓ビジネスパーソンとしての基礎となる、まじめさ（誠実さ）、対人コミュニケーション能力、主体性などの「非認知的スキル」と、取得した技能や資格などの目に見える「認知的スキル」の両面で考える。

自分はどういう人間なのか、という自分のアイデンティティについて深く考えることは、キャリアデザインに限らず、人生での幸せをつかむ上で大切なことです。

ただし、自己分析は往々にして、独りよがりで不正確なものになります。第2章で考え方のクセという話をしましたが、その考え方のクセは、自分自身を見るときにでも働いてしまうからです。

その意味で、キャリアデザインに必要な自己認識、自己理解には、専門のツールを使って行うこともお勧めします。

その結果が、漠然と「自分はこういう人間だ」と思っていたセルフイメージに近いものになるかもしれませんし、かなりかけ離れたものになるかもしれません。

しかしいずれにしても、科学的な知見をもとに作成されているツールにより自己診断をすることは、必ず役に立つと思います。

自己認識のためのツールも、各種のものが開発されています。そのなかから、ここでは定評ある有名なツールで、自分だけでも比較的手軽に取り組むことができ、かつキャリアデザインをする上で有用性が高いと思われるものを3つご紹介します。

いずれのツールも、質問に答えることで簡易的に検査ができるＷｅｂサイトがたくさん公開されています。

まずは、それらのＷｅｂサイトで公開されている、無料診断ツールを利用するのが手軽でしょう。（なお、下記のツールごとに挙げているＷｅｂサイトは、あくまで例として取り上げたものであり、私がそのページを推奨しているということではありません）

エゴグラム

・自己成長のツール
・人とのコミュニケーションを良好にするツール

エゴグラムは、アメリカの精神科医、エリック・バーンが提唱した「交流分析理論」をベースに考案された性格分析手法です。

交流分析とは、精神分析学の知見をベースにして、自身の他者との交流の行動（人間関係のあり方やコミュニケーション）の傾向を理解し、対人関係の問題を解決、予防するための理論です。

エゴグラムは、自分の心理状態を、「厳しい親、優しい親、成人の自分、活発な子ども、従順な子ども」の５つに分類、点数化して性格のクセを示します。

現在の自分の性格のクセを把握することで、長所を活かせるキャリア、短所を補う方法などを考えるヒントが得られます。

エゴグラムの質問例

	はい	いいえ	どちらでもない
相手の間違いを指摘できるほうだ			
思いやりのあるほうだ			
何についても、何が中心問題か考える			
してみたいことがたくさんある			
人の気持ちが気になり合わせてしまう			
時間を守らないのは嫌だ			
自分は褒め上手だと思う			
物事を分析して、事実に基づいて考える			
気分転換がうまい			
人前に出るより後ろに引っ込んでしまう			

エゴグラムの診断結果例

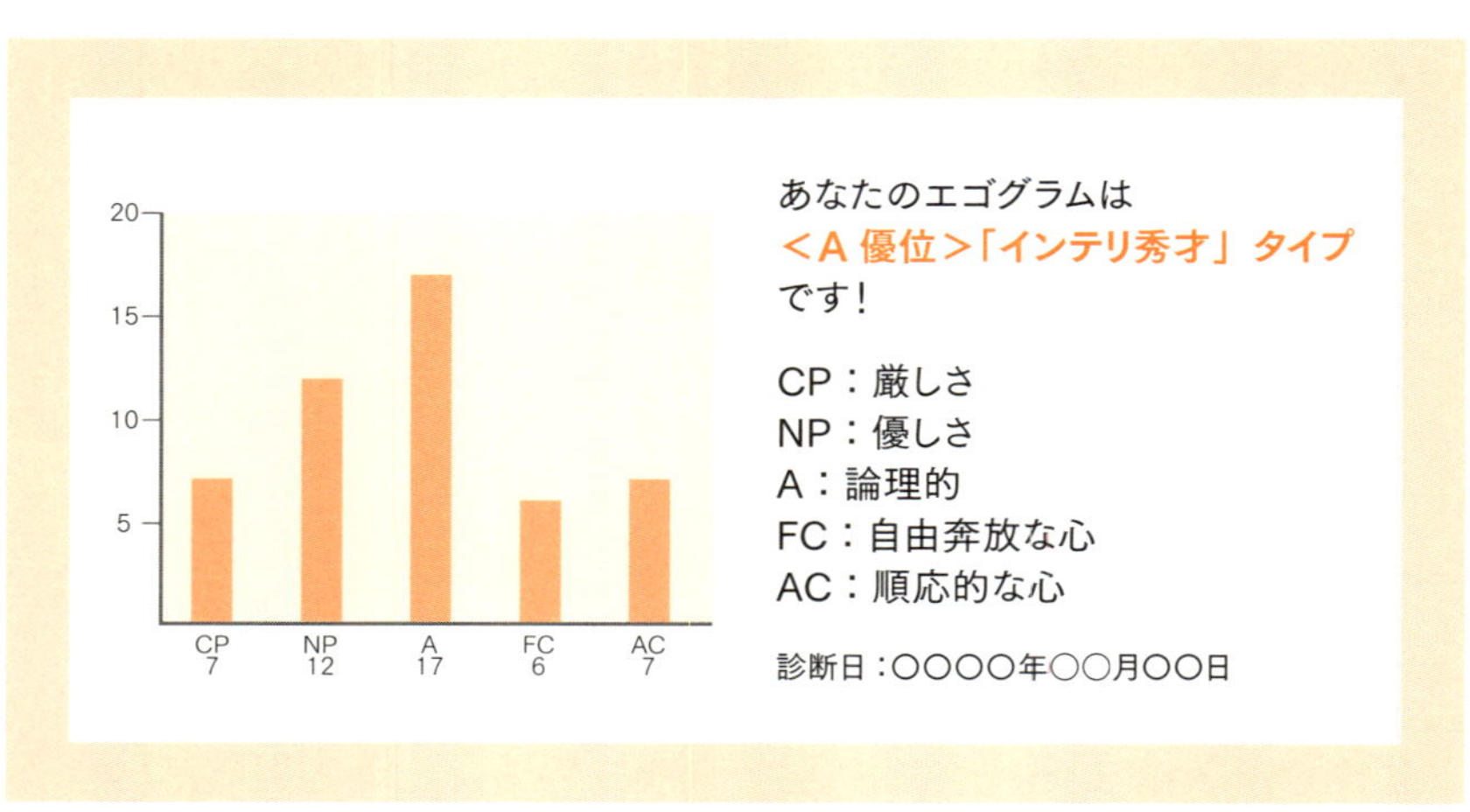

https://commutest.com/egogram/?msclkid=26d051e9d07c11ec8efcbeb21a1d9999 より

ビッグファイブ（Big Five）

ビッグファイブについては、P105でも少し触れましたが、イギリスの心理学者、ルイス・ゴールドバーグが提唱したパーソナリティ特性の理論で、人間のパーソナリティ（特性）は5つの要素から構成されるとするものです。これは、人を「こんなタイプ」という類型に分類するものではなく、人が5つの要素においてどんな特性なのかを確認するものとなります。「特性5因子論」とも呼ばれます。5つの特性因子は、次のようなものです。

誠実性（C）：自己統制力や達成への意志、真面目さ、責任感の強さを表す
開放性（O）：知的好奇心の強さ、想像力、新しいものが好きかを表す
外向性（E）：社交性や活動性、積極性を表す
協調性（A）：利他性や共感性、優しさなどを表す
精神的安定性（N）：環境刺激やストレッサーに対する敏感さ、不安や緊張の強さを表す

その人の性格において、これらの因子のどれが強く、どれが弱いのかといったことを分析して、特性を探るのがビッグファイブ理論の基本的な考え方です。また特性5因子は人間のタイプではないので、意識をすることでいつからでも伸ばすことができると考えられています。

なお、ビッグファイブ理論を用いて応用した具体的な検査方法としては、「NEO-PI-R」「NEO-FFI」などさまざまなものが開発されています。

ビッグファイブの質問例

1. 仕事中、よく緊張する。

2. 面倒なことに巻き込まれたら黙っているのが一番いいと思う。

3. 誰かにひどいことをされたとき、仕返しを考えるのは当然のことだと思う。

4. ときどき口汚くののしりたくなる。

5. すぐ誰とでも打ち解けて話ができる。

6. 人に駄目だと思われていなかったら、もっとうまくいっていたはずだ。

□ そう思わない　□ あまりそう思わない　□ どちらともいえない
□ 少しそう思う　□ そう思う

https://big5-basic.com/ より

ビッグファイブの診断結果例

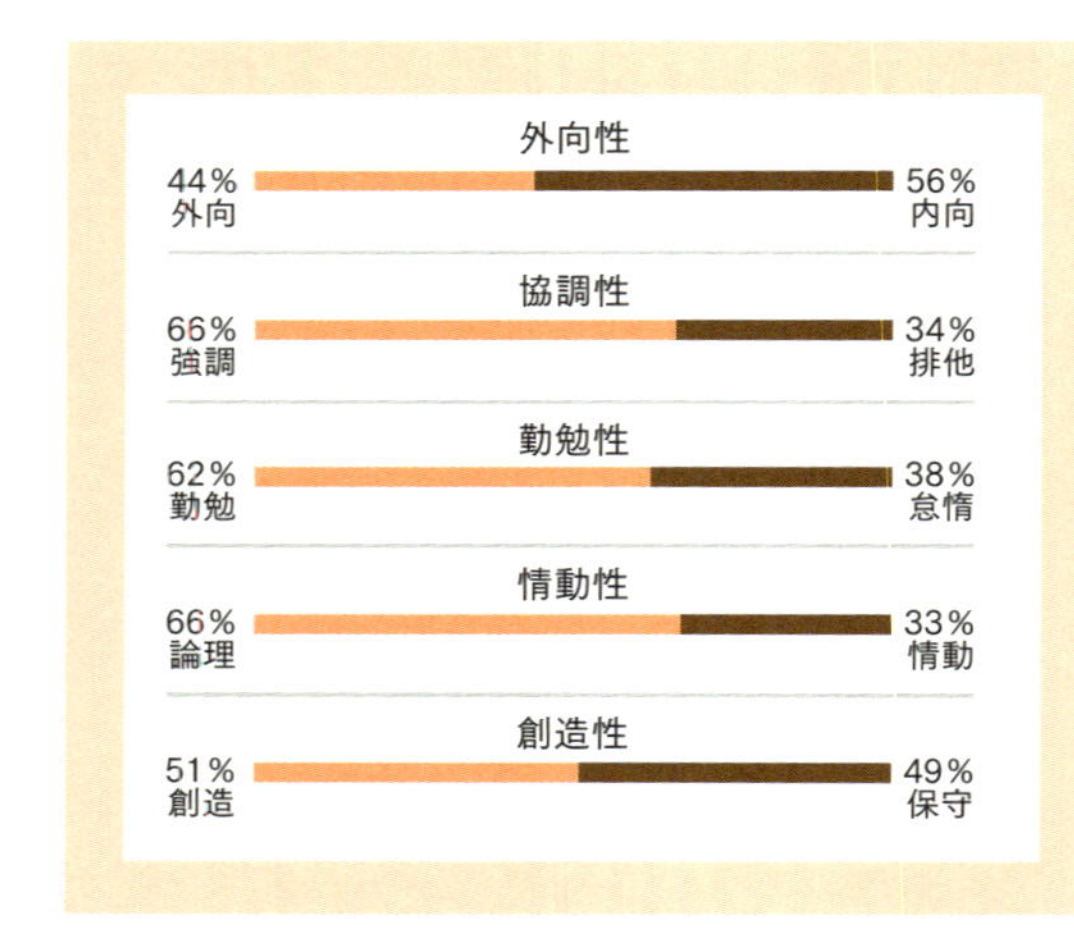

〇〇さんは
本音を語らない
性格で、
不安や緊張を感じにくい
人です。

キャリア・アンカー

キャリア・アンカーについては、第2章ですでに説明していますので、P62を参照してください。

①キャリア理論や分析ツールは、やはり役に立つ

これまでの章で代表的なキャリア理論をいくつかご紹介し、ここでまた自己分析ツールをご紹介しました。

読者のなかには、こういった理論や分析に対して「難しそう」「よくわからない」と思う方もいるかもしれません。

また、物理学などと違って、人の「心」を主に扱うキャリア理論は、誰にでも100％間違いなくピタッと当てはまるものでもありません。

しかし、これらの理論や分析ツールは、多くの研究者が自分の専門分野における研究を積み重ねて作られてきたものです。幅広い多数の研究成果を踏まえているものだからこそ、どんな人にも通じると考えられる一定の客観的な正しさや、有効性があると認められています。

キャリア迷子になる人は、他の人はみんなうまくやっているのに、自分だけがこんなことで

迷っているなんて、自分はヘンなのではないか、あるいは他の人より劣っているのではないかと、悩み苦しむことがあります。

しかし、自分の悩みや迷いが、決して自分だけのものではなく、過去も現在も、多くの人が同じような悩みを持ち、苦しみを感じてきたこと、そして、だからこそ、その迷いを解きほぐす方法も考えられてきたのだということを、キャリア理論は示してくれます。

第2章でも述べたように、キャリア理論はキャリアという旅を続けていく上で役に立つ地図のようなものです。道に迷ってしまった人は、自分がどこにいるのか、どちらに進んでいるのかさえわからなくなるでしょう。そんなときに、高い上空から周囲の全体状況を広く捉えて、進むべき方向を示してくれるのがキャリア理論なのです。

もちろん、本格的に勉強をしようと思ったら専門書を何冊も読まなければなりませんが、専門家を目指すわけではないのですから、そこまでする必要はありません。

本書ではほんのさわり程度しか触れられなかった理論について、興味のあるものがあれば、まずは1冊読んでみることをお薦めします。それも大変だと感じる方は、ネットで少し調べてみるだけでもいいでしょう。ぜひ、キャリアという旅を続けるための地図を手に入れてください。

キャリア・アンカーの質問例

キャリア指向自己チェックの質問は全部で40問。
それぞれの質問に対して、当てはまるものを6段階で選んでいきます。

1.「このことならあの人に聞け」と、絶えず専門家としてのアドバイスを求められる分野でうまくやっていくことを目指す。

←そう思わない　　　　そう思う→

○ ○ ○ ● ○ ○

2. 他の人々のやる気をまとめあげ、チームをマネジメントすることによって大きな成果を上げることができたときに、最も大きな充実感を仕事に感じる。

○ ○ ● ○ ○ ○

3. 自分のやり方、自分のスケジュールどおりに、自由に仕事ができるようなキャリアを目指す。

● ○ ○ ○ ○ ○

4. 自由や自律を勝ち取るよりも、将来の保障や安定を得ることが、自分にとってはより重要なことだ。

○ ○ ○ ○ ● ○

5. 常に自分の事業を起こすことができそうなアイデアを探している。

○ ○ ○ ○ ○ ●

キャリア・アンカーの診断結果例

あなたのキャリア・アンカーのタイプは……

「技術・職能」(TF: Technical / Functional Competence)

特定の仕事に対する高い才能と意欲を持ち、能力を発揮することに満足と喜びを覚える。専門家タイプ。

○ 技術・職能 (TF: Technical / Functional Competence) についての解説

技能・職能をキャリアアンカーとする人は、特定分野で能力を発揮することに幸せを感じます。企画、販売、人事、エンジニアリングなどの何らかの分野で秀でること、権威になること、エキスパートになり、その分野で課題を見つけて挑戦し続けることで成長していき、他の人よりも正確かつ生産性高く仕事を進めます。
他のアンカーの関心事が、どちらかと言えば仕事を取り巻く文脈(コンテクスト)に向かうのとは違い、技能・職能がアンカーの人の関心は、あくまでも仕事の内容(コンテンツ)そのものに向かいます。

https://career-anchors.rere.page/　より

②いまの自分を素直に受け入れられること

自己理解、自己分析をする際の注意点を一つ確認しておきます。

まずは、等身大（ありのまま）の自分を分析し、理解するということです。

たとえば前述のエゴグラムやビッグファイブ等の多肢選択式の質問への回答です。よりよく見せようとして、背伸びして答えてしまう人が少なからずいます。エゴグラムの質問の一つに「思いやりがあるほうだ」という質問がありましたが、なんと回答しますか。「思いやりがない」と思われたくないので、「はい」と答えてしまいませんか？

実際に「思いやりがないほうかもしれない」と思いながらも、このように回答してしまったら、結果がブレてしまうということは想像に難くないですよね。

一方、キャリアコンサルティングでの相談においては「私はアピールすることがない」「当たり前のことをやっていただけ」などと自分のことを過小評価したり卑下したりしてしまう人もいます。でも、いろいろと話を聴き進めていくと、アピールできる経験をたくさんしているのです。実はそれに気がついていないことも多いのです。

このように、現在の自分を、強み弱みも含めて、ありのままに素直に受け入れることが、自己理解の大切な第一歩であることを覚えておいてください。

ステップ2　周囲の状況を知る（社会理解）

キャリアは自分だけでは作れません。必ず、対象となる相手（たとえば会社や仕事）があり、その相手との関係のなかで作られます。

そして、自分も相手も社会のなかで存在しており、時代ごとの社会のあり方や、その変化から影響を受けています。

とくにワークキャリアを考える際には外的要因である経済や景気の動向などを知ることも重要です。

①経済動向（景気）と、それに応じた求人動向（有効求人倍率）

社会全体で見た求人数、つまり従業員を募集している会社の数は、景気と連動して変化しています。景気がよくて人手不足のときであれば転職もしやすくなりますし、逆に不況で人が余っている時代なら転職もしにくくなります。それを数字で表したのが、有効求人倍率という指標です。この指標は、求職者1人に対して、何件の求人があるのかを示します。たとえば、求職者1人に対して2件の求人があるなら2倍ですし、3件の求人があるなら3倍となります。

一方、求職者2人に対して1件の求人しかない場合は、0・5倍となります。つまり、有効求人倍率が高いときほど、社会全体として仕事が多く働き手が少ない「人手不足」の状態であり、就職、転職がしやすい状況です。その反対で、有効求人倍率が低いときは、就職しづらい状況となります。これは、職種によっても倍率が異なります。たとえば、人手不足が顕著な介護職は有効求人倍率が高く、人気職種の事務職は有効求人倍率が低くなっています。

有効求人倍率は、毎月の最新データが、厚生労働省のWebサイトで「一般職業紹介状況（職業安定業務統計）」として公開されています。興味があれば、職種別、男女別、正規・非正規の雇用別など、詳細な情報も知ることができます。

まずは、大まかな傾向と現在の水準だけを押さえておけばよいでしょう。

https://www.mhlw.go.jp/toukei/list/114-1.html（厚生労働省「一般職業紹介状況（職業安定業務統計）」）

②一般的な産業構造の変化

国内で行われている産業は、主要なものだけでも数多くあります。時代の変化に応じて産業のある分野は伸長し、ある分野は衰退しています。また、技術進歩などにより新しい産業が生まれることもあります。

ある程度の年齢以上の人は、日本は原材料を輸入して、自動車などの工業製品を輸出して稼ぐ「貿易立国」だと教わってきたでしょう。しかし、現在の日本は、長期的に貿易赤字の国、つまり輸出額よりも輸入額のほうが多い国です。

また、職種で見てみると、単純な事務作業の多くは、今後はAIに置き換えられていくだろうと予想されています。そうなると事務職への就職はパイが少なくなると考えられ、だんだん厳しくなっていくでしょう。一方、AI・DXなどのIT人材は不足するとのことです。また、高齢者が増加していることから介護の仕事などは、ニーズが増えていきます。

何度か述べているように、現代はVUCA時代ともいわれ、その変化のスピードも速くなっています。そういった動きを押さえておくこともキャリアをデザインする上でとても大切です。つまり、長期的なキャリアデザインを考える上では、国の長期的な産業構造の変化も知っておいたほうがいいことになります。

③職業理解

周囲の状況を知るというステップの最後は、職業理解です。

この段階では、まだどんな職業を目指すという具体的な方針は決めていませんが、「アパレル関係の仕事がしたい」とか「外食関係の仕事がしたい」「経理の仕事がしたい」といった、いくつかの漠然とした希望はあるでしょう。

その希望する業界や職種のことを調べるのが、職業理解です。これは意外と盲点です。なぜなら、求職活動をしている人の多くは、自分自身の就業条件がある程度決まっており、かつ、その職業についてのよいイメージが先行してしまうからです。どんな職業にもよい面、悪い面がありますが、外部から見ていると、よい面ばかりが目に付くということもあります。とにかく、たくさんの業種・職種があることを理解することが重要です。日本標準産業分類や日本標準職業分類を調べてみるのもよいと思います。

また、オーソドックスですが、お勧めしたいのが求人票を見ることです。

私は早いタイミングで求人票を見るようにお伝えするのですが、多くの人に「まだ応募しないので、見る必要がないのでは?」と不思議がられます。早いタイミングで見てもらう理由は、「職業理解」のためでもあるのです。いざ応募しようと思って求人検索をすると、求職者の多くの方が「いい求人がない」といってきます。これは、正確にいうと「自分の希望する労働条件の求人がない」ということなんですが、その希望条件がそもそも労働市場に存在しないというケースもあります。

そのようなことが起こらないように、労働市場の相場(平均的な労働条件)を知る必要があります。その際には、まずハローワークインターネットサービスの求人票を見ることをお勧めしています。しかしながら、都市伝説のように「ハロワ求人はいい案件がない」ということをよく聞きます。私はこれについては、「ハローワークは求人票です。他の求人媒体は多くが求人広告です」と伝えています。これはつまり、求人票はより忠実に情報を公開しているのに対し、求人広告はより多くの方に応募してもらうために情報を公開しているという違いがあるということです。

ハロワ求人を見ることは労働市場の縮図を見ることとなり、仕事の内容や、給与金額の相場などを早く、正確に確認することができるため、就職活動をスムーズに進めることにつながります。

また、就職試験の面接においては、志望動機は必ず聞かれるでしょう。そういうときに、業種や職種についてきちんと調べて理解している人と、そうでない人とでは、採用担当者に与える印象はだいぶ変わってくるでしょう。

そして、すでに述べたように、昔は成長していたがいまはそうでもない業種とか、いまはパッとしていないけれど将来の成長性は期待できる業種というものあるでしょう。興味を感じる業種、職種について、そういったさまざまな面を理解しておくことは、キャリアデザインにおいてはとても重要です。

ステップ3　今後の方向性とギャップ分析

さて、山登りでいえば、ステップ2までが「自分がこれまでたどってきた道と、周囲の状況を踏まえて、自分の現在位置を地図で確認した」段階でした。

次はいよいよ、向かっていく目標（方向性）を定めます。

ステップ1・2において、過去の自分のキャリアや、現状を見つめ直し、自分の性格の特性や適性も踏まえ、さらには社会や経済の環境なども考慮しながら、具体的に、どんな業種で働きたいのか、どんな職業に就きたいのかを考えていきます。とてもワクワクしますよね。

でも、ちょっと待ってください。

すぐに目標を決めてしまってもいいのでしょうか。目標はできる限り実現したいものです。そのためには、まずは慎重に、自分の「できること」と「できないこと」、つまりギャップを分析する必要があります。

このギャップは人により異なります。ある人には、大きな努力なしに、難なく乗り越えられる小さなギャップかもしれません。また別の人にとっては、時間をかけて多大な努力をしなければ乗り越えられないギャップかもしれません。ギャップの大きさは、現状の自分と理想の自分との距離によって決まります。

そしてそのギャップがいまのままでは乗り越えられないと思われる場合は、それを乗り越えるための方策を講じる必要があります。

たとえば、建築業の現場での仕事しかしたことがない人が、事務仕事（デスクワーク）に就きたいと望んだとします。あるいは、介護の仕事をしていた人が、プログラマーを希望したとします。一般的には、そのギャップはかなり大きいと考えられます。

そこで、そのギャップを埋めるための方策として、いわゆるリスキリングやリカレントの「学び直し」が登場します。その一つとして、公共職業訓練を受講して簿記の資格やパソコンの資格を取得する、といった方法が考えられます。もちろん、独学でも結構ですし、専門学校などに通ってもよいでしょう。

あるいは、小さな子どもがいて、子どもの面倒を見なければならない人が、フルタイムの仕事に就きたいと思えば、当然そこにギャップが生じます。そのギャップを埋めるためには、家族（配偶者や親）の協力を得ることや各種支援内容を確認するといった方法が考えられます。

よくないのは、本当はギャップがあるのに、それに気がつかない、あるいは気がついているのに「そんなことは関係ない」と真剣に向き合わないことです。それは結局、自分の描こうとしている「これからの人生」を描けなくなることに他ならないからです。

ステップ4　意思決定して、行動を起こす

ここまでのステップを経てくれれば、キャリアデザインの大半は完了しています。

この4つめのステップを踏めば、あとは行動に踏み出すだけ、という段階です。


山登りであれば、地図で自分の位置を確認し、現実に到達可能な目的地を定め、そこに至る危険箇所を避けたり、難路を乗り越えたりする方法も考えてきました。

あとは出発するだけ、という状態ですが、そのときにあわてて出発する必要はありません。

体に疲れが残っている、足が痛い、あるいは天気が少し崩れそう、といった不安な要素があれば、とりあえずその日はそこにテントを張って宿泊すればいいのです。翌朝になって、不安要素がなくなっていれば、改めて出発しましょう。

あるいは、どうしても不安要素が消えないのであれば、来た道を戻って、下山してもいいの

です。山登りは競争ではなく、どのように楽しむのかは、その人の自由なのですから。

キャリアデザインも同様のことがいえます。

ステップ3までを行ったあとでも、「やっぱり不安で踏み出せない」という人もいるかもしれません。そんな人が無理をして、いますぐに行動を起こす必要はないのです。

キャリアを変えるタイミングは人それぞれ自由です。準備だけを怠らないようにしながら、自分のなかで不安なくキャリアチェンジできる気持ちになるまで、少し待ってみることも一つの方法です。

キャリアデザインは、競争ではないのです。

もちろん、「絶対にやる」と決めた人はぜひ行動に進んでください。そしてぜひ、努力してたどり着いた目的地の高みから見える風景の素晴らしさを堪能していただきたいと思います。

人生物語の主人公に！状況に適応し、新たなストーリーを描こう！

予期せぬ転機がきっかけで「キャリア迷子」になったとき、そのような状況に「なぜ自分だけが」と思ってしまい、知らず知らずと自分のなかの悪いストーリー（物語）に支配されていってしまいます。そんなときは、前述のように、この悪いストーリー（ドミナント・ストーリー）を、よいストーリー（オルタナティブ・ストーリー）に書き換えることを目指しましょう。これはつまり、自分の人生物語の書き手となって、新たな人生テーマに沿って、より豊かに、より幸せに過ごすためのこれからを前向きに描き、それを実現していくことです。

また、新しい会社に入り、その会社で適応していくこととなりますが、ぜひとも充実した「これから」を歩んでいただければと思います。常にオープンマインドで、偶然の出来事が起こるように積極的に過ごしましょう。そして、また、いつ来るかわからない転機を再び迎えたとしても、必要であれば、キャリアをデザインし直すこともできます。それも何回でも。

ステップの順番が重要な理由

最後にステップの順序について、少し補足的な説明を加えておきます。

キャリアデザインの方法として、「まず最初に、自分がなりたい姿を思い浮かべましょう」というやり方もあります。

しかし私は、ステップ1の自己理解、ステップ2の社会理解を踏まえた上で、その次に目標

自分らしいキャリアデザインを描くための4つのステップ

【キャリアデザイン思考】

ステップ1：自己理解

↓

ステップ2：社会理解

↓

ステップ3：方向性決定・GAP分析

↓

ステップ4：意思決定・行動

↓

新たなストーリーを!!

を定めるという順序がよいと考えています。

というのも、自己理解・社会理解のステップを踏まえていないと、実現可能性が低かったり、本人の適性とかけ離れた目標を設定してしまったりすることがあるためです。また、自己理解・社会理解は、一度やったら終わりにするのではなく、行ったり来たりの往復関係にあるともいわれています。

これは、異業種への転職を試みたことがある人ならおわかりいただけると思いますが、たとえば、未経験だけれども上場企業で製品企画の仕事がしたいとか、そういったことを望んでも現実性はほぼありません。

あるいはもう少し現実的な目標としても、いままで建築業の現場での業務だけをやってきた人が、いきなりデスクワークの仕事に就きたいと望んでも、なにか武器となるようなものがなければ、可能性はあまり高くないかもしれません。あるいは、以前は東京のＩＴ企業で働いていた人が、出産を機に地方の実家に移転して、子どもが大きくなったから働こうというとき、その地方で東京と同じような待遇を求めても、そもそも地方にはＩＴ企業自体が少なく、あったとしても東京と同じような待遇を得ることは、難しいでしょう。

「努力すれば可能性はあるでしょう」といわれれば、もちろん可能性はゼロではないかもしれません。しかし、可能性がほぼゼロに近いような理想を実現しようとして努力することが、ご自身の人生にとってプラスになり幸せをつかめるキャリアデザインかどうかは、別の話となります。

また、仕事に対する適正ということもあります。理想と適正がピッタリ合っていればいいのですが、そうではない場合も往々にしてあります。本人は「これをやりたい」と思っていても、性格的、スキル的に向いていないのではないかと思える場合です。

ステップ１・２を経ずに、いきなり「〇〇になりたいんです」といって、公共職業訓練に来てしまう人がいます。しかし、公共職業訓練を受けても、適性がない場合は、その後のキャリアチェンジがうまくいかない場合があります。そうなると、職業訓練を受けたこと自体が無駄だったということになりかねません。

４ステップは順番通りに進めていくことが望ましいですが、状況によっては、このステップを知らずに飛ばしてしまうこともあります。その場合は、ステップの順番は前後してもよいので、必ず４つのステップは踏むようにしていただければと思います。

第5章

キャリアデザインの手本

あなたの身近にキャリアモデルはいますか？

皆さんに質問します。

自分のキャリアデザインを考える上で、この人のようになりたい、と思えるようなキャリアモデルとなる人が、身近にいるでしょうか？

（A）身近に、キャリアモデルとなる人がいる

（B）身近に、キャリアモデルとなる人はいない

正解、というわけではないですが……

かつて、年功序列、終身雇用の日本型雇用制度が当たり前の時代には、キャリアモデルは簡単に見つかりました。一般社員は、課長を見れば、それは10年後の理想の自分であり、部長を見れば20年後の理想の自分だと思えたからです。

しかし、人の生き方も、キャリアの選択肢も多様化している現代においては、自分の理想と重なるキャリアモデルを見つけることが難しくなっています。

そこで、本章では、なにかのきっかけでキャリア迷子の状態になり、いっとき、立ち止まって考えたり、以前に考えていたキャリアとは異なる道を選んだりしながら、それでも自分の理想のキャリアを求めて進むことができた人たちのケースをご紹介します。

これらのケースを、一種のキャリアモデル、あるいは、サンプルとして、皆さんのキャリアデザインを考える上でのヒントにしてください。ここでご紹介するケースはキャリアコンサルタントの支援を受けている方々ですが、「キャリアデザイン思考」を持ち、ご自身でもしっかりと新しいストーリーを描くことができるよう、各ケースの最後にはポイントも明記しました。

なお、見出しの後にステップ番号が書かれている箇所は、第４章で説明した４ステップと対応しています。前頁のフロー図も確認してください。

以下のケースは、私が実際にキャリアコンサルティングなどを通して出会った方をモデルにしていますが、プライバシー保護や説明上の必要から、実際よりも単純化したり、脚色したりしており、事実そのままではない部分もあります。

それでも、リアルなキャリアデザイン事例として、「キャリアデザイン思考」の参考になると思います。

ケース❶
なんとなくやりがいを感じない、という20代女性の悩み

Aさん　20代・女性

キャリア略歴

- 専門学校卒業後、フリーター期間を経てアパレル販売会社の正規社員に採用される
- 仕事にやりがいが感じられなくなって退職
- 離職中に公共職業訓練を受講し、その後、事務職種にキャリアチェンジし再就職

就職・仕事・生活状況など

Aさんは、中学生の頃からファッションに興味があり、ファッション雑誌を読むのも好きでした。高校を卒業すると服飾系の専門学校に通いデザイナーを目指しましたが、自分にはあまりデザインの才能がないと感じて、デザイナーへの道は諦めます。

専門学校卒業後は、アパレルショップでアルバイトをしていました。3年ほど勤めたときに、ショップの社長から正社員にならないかと誘われ、Aさんはそのまま正社員になります。

正社員になって給料は多少アップしましたが、同世代で中堅から大手の会社に勤めている人と比べるとかなり低い水準です。それでも、好きな服に囲まれて働けることに最初のうちは楽しく働いていましたが、正社員になっても、基本的な仕事は店頭での販売業務であり、アルバイト時代とあまり変わりません。Aさんが27歳になった頃から、友だちに結婚する人もおり、Aさんも少しずつ自分の将来をぼんやりと意識するようになってきました。

キャリア見直しのきっかけ

そこで新型コロナウイルス感染拡大による影響を受けます。コロナ禍以降、店舗への来客数がぐんと減ってしまったのです。Aさんの店でも、アルバイトの店員は辞めさせられて、店員がAさん1人になってしまいました。

そうなると、アルバイトの人がやっていた細々した雑事もすべて自分でこなさなければなりません。社長は、コロナ禍が収まるまでの我慢だといいますが、Aさんは、だんだん仕事にやりがいを感じられなくなってきて、退職してしまいます。

★キャリアコンサルタントからの支援★

Aさんは、なんとなく事務職がいいかな？　と思い、パソコンスキルが不足していることもあり公共職業訓練を受講しようと思いました。そこにはキャリアコンサルタントがいたので、いろいろと相談しながら進めていくことになりました。

自分理解（ステップ1）

まずは、キャリアコンサルタントのアドバイスから過去のキャリアを振り返ってみました。もともとファッションが好きでアパレル系の仕事に就いたのですが、最初はアルバイトで、あまり深い考えはありませんでした。また、正社員になったのも、たまたま社長に誘われたからで、自分から強く求めてなったわけではありません。正社員となったことで、帰宅時間が遅くなってしまいましたが、好きなファッション関係の仕事ということで、納得していました。

いままでのキャリアを再確認して感じたことは、好きなファッションは、趣味として楽しめば十分であって、別に仕事にしなくてもいいのではないか、ということです。そうであるなら、仕事は安定的に働けることのほうが大切ではないか、と気づきます。そして時間に余裕さえ出れば、趣味としてファッションを十分に楽しめるではないか、と考えました。

社会理解および今後の方向性（ステップ2・3）

続いてキャリアコンサルタントのアドバイスにより、事務職の仕事内容や給与体系などについての仕事理解も深めました。事務職は人気がある職種（有効求人倍率が低い）であること、また前職より手取りが減ってしまうことを確認し、それでも「自分のこれから」を考えると、頑張ってチャレンジしたいと思いました。

ただ、Aさんは前職にて店舗の在庫、出庫管理や売上管理などを、パソコンで行っていましたが、自己流でしたので事務職でのパソコンスキルは不足しています。

行動を起こす（ステップ4）

幸いなことに、Aさんは離職後すぐに職業訓練を受講していたこともあり、パソコンの検定試験（代表的なものにMOS・日商PC検定などがある）にも合格しており、事務系職種で求められるスキルは習得できています。

また、職業訓練のキャリアコンサルタントのアドバイスを受け、職務経歴書などもしっかりと仕上げ、自信を持って就職活動に臨み、その結果、通信系IT企業に事務職の正社員として採用されました。これまでとまったく違う業種なので覚えることも多いですが、やりがいを感じることができ、また育児休暇などの福利厚生も充実している会社なので、将来の結婚・出産後も働き続けるつもりでいます。

『迷子』から抜け出したキャリアデザイン思考のグッドポイント

Aさんは、コロナ禍という突然の転機からやりがいを失い、退職してしまいました。何となく事務職を希望していましたが、職業訓練を受講したことで、キャリアコンサルタントとの出会いがありました。Aさんの4S点検では、自己理解と職業理解が不足していたことから、それらを積極的に行い、ステップの順番は前後してしまいましたが、職業訓練を受講してスキルを補ったことで、再就職につなげることができました。仕事でのやりがいを感じられるようにもなり、新しいストーリー（オルタナティブ・ストーリー）に書き換えることができました。

ケース❷
仕事のミスがきっかけで体調を崩し離職、そして再就職へ

Bさん　30代・男性

キャリア略歴

・大学卒業後、東京都心部の中堅不動産会社に9年間勤務

・32歳で退職後、半年間の休職期間を経て、地元（神奈川県）の不動産会社に転職

就職・仕事・生活状況など

Bさんは、東京郊外の私立大学を卒業しました。中学から大学まで、学生時代はずっとサッカーを続けており、充実した学生時代を過ごしました。就職活動では、体力には自信があったため、外回りの営業職が向いていると自分では思っていました。

また、大学の先輩から、同世代と比べると給料がかなり高いという話も聞いており、そこに魅力を感じて、不動産営業の仕事を希望し、東京の中堅不動産会社に営業職正社員として採用されました。入社から8年ほどが経ち、Bさんの営業成績はよく、同じ大学を卒業した友人たちと比べても給料は高いほうでした。その一方、朝早くから出勤し、終電での帰宅や休日出勤も多いなど、仕事は激務が続きました。体力には自信があったBさんもかなり疲れており、また通勤時間が2時間近くかかっていたことも、Bさんの疲労を蓄積させる原因でした。しかし、ご家族の事情から、Bさんは実家に住まなければならず、会社の近くへの転居ができませんでした。

キャリア見直しのきっかけ

Bさんの転機は31歳のときに訪れました。Bさんには当時付き合っていた恋人がおり、Bさんは結婚を希望していましたが、Bさんの仕事の忙しさから会う時間もあまり取れないようになり、結局恋人のほうから別れを切り出されてしまいます。Bさんがかなり落ち込んでいたときに、仕事で大きなミスをしてしまい、上司から厳しく叱責されました。

それをきっかけに、Bさんは激しい疲労や頭痛、下痢などの体調不良を感じるようになりました。病院を受診したところ、メンタル的な原因によるものであり、抑うつ状態であることがわかりました。医師の勧めもあって、離職を決意します。

★キャリアコンサルタントからの支援★

半年ほど自宅で療養したあと、体調が回復したところで、Bさんはハローワークで雇用保険受給の手続きをしながら、キャリアコンサルタントに相談をしました。

自己理解（ステップ1）

キャリアコンサルタントにいままでの経緯を話したりして、自己を振り返ってみました。Bさんが前職を選んだのは、主に高い給与が魅力だったからです。しかし、Bさんは実家暮らしであり多少のお金は実家に入れていましたが、独り暮らしをしている人に比べれば純粋な生活費はそれほどかかりません。そこで、給与額よりも、心身に負担の少ない働き方をすべきだと考えました。また、キャリアコンサルタントに勧められた性格検査・職業興味検査などからは、Bさんは人と接することに向いていると診断されました。Bさん自身も、営業職という職種自体は自分に合っていると感じていました。

社会理解および今後の方向性（ステップ2・3）

Bさんは、不動産業の仕事自体にはやりがいを感じていたので、できれば不動産営業の仕事は継続したいと考えます。ただし、病気での退職、療養の経験を通じて、過剰な長時間勤務が求められない職場であることを最優先にしようと決めました。さらに、前職時代、長時間勤務に加えて長時間の通勤も身体疲労の原因となっていたので、できれば車で通勤できる範囲の会社への就職を希望しました。

また、Bさんは、「高い給与」に魅力を感じて前職を選びましたが、「健康が第一」と考え直すことができ、給与は二の次にしました。

行動を起こす（ステップ4）

Bさんの方向性は決まりましたので、あとは地元の求人情報を収集し、応募するだけです。やはり、地元の求人といえば、ハローワークの求人となりますので、とにかく求人チェックは毎日行いました。その結果、無事、地元の不動産会社に再就職することができました。

前職の会社とは、規模や扱う物件のタイプも違うとはいえ、同じ不動産営業ということで、前職での経験や資格（宅建士）が活用できます。

再就職の結果、残業時間は多いときでも月に20時間程度と、大幅に削減されました。給料は前職から約20％ほど下がりましたが、実家暮らしということもあり生活に困るほどではありません。なによりも心身に負担なく働けていることに充実さを感じています。

『迷子』から抜け出したキャリアデザイン思考のグッドポイント

Bさんは、失恋という突然の転機から体調を崩し、退職をしてしまいました。また、仕事でのミスが原因でアイデンティティも喪失しているようでした。半年程ゆっくりして体調が回復したので、キャリアコンサルタントに相談し、4S点検を通して、自己理解が不足していることがわかりました。Bさんは自分自身の健康を優先したいこと、また家族の事情があり同居するという役割もあることから、収入は下がりますが、地元の会社に就職したことで、心身に負担なく充実して働くことができました。

ケース❸ 子どもの出産でキャリアの中断!? そんなことはなかった!!

Cさん 30代・女性

キャリア略歴

・短大を卒業後、大手書店チェーンに勤務
・出産を機に、退職。その後、職業訓練を受講後、会計事務所にパートとして勤務。働きながら国家資格を取得し、正社員へ登用される

就職・仕事・生活状況など

子どもの頃から本が好きだったCさんは、短大を卒業後、大手書店チェーンに就職し、書店員としてずっと働いていました。書店員の仕事は、比較的給与が低く、また立ち仕事で、重い本を運んだりすることも多くて肉体的にもややハードな仕事です。一方、本好きなCさんに

とっては、自分で考えて本を棚に並べたり、手描きのポップでお薦めの本を紹介したりするなど、楽しいことも多く、やりがいのある仕事だと感じていました。

キャリア見直しのきっかけ

直接のきっかけは33歳のとき、子どもを出産したことです。

勤めていた会社では育児休業制度も整備されていて、制度を利用している人もいました。しかし、悩んだ末、Cさんは休業ではなく、退職を選びます。

その主な理由は、子どもが小さいうちは一緒にいたいという想いからでした。Cさんの配偶者は商社マンで、長期的な出張もよくあり、育児への協力は求めにくい状況でした。またCさん夫婦の親は、いずれも遠方に暮らしており、やはり育児の協力は求められません。Cさんがかなりの期間はワンオペで育児しなければならない状況でした。

こうして、Cさんは、子どもが3歳になるまでは、家庭で育児に専念することを選びました。

自己理解・社会理解（ステップ1・2）

Cさんはお子さんが3歳になった頃、家計のためにも仕事復帰したいと考えるようになりました。ただ、当面は子ども中心で過ごさなければならないため、家から30分程度の範囲内でパートタイムの職を探そうと思いました。慣れた書店の仕事に戻ることも考えましたが、書店業界の先行きを考えるとかなり不安がありました。ネット書店で本を購入する人が増えたため、リアル店舗の書店はますます苦しくなっています。また、近所には働けそうな書店はまったくありませんでした。

★キャリアコンサルタントからの支援★

パートタイムの仕事を見つけようと、近くの公的就職支援施設のキャリアコンサルタントに職業相談をしたところ職業訓練を勧められました。

今後の方向性（ステップ3）

キャリアコンサルタントにいままでの経緯を話したことで、自分のいままでのキャリアの整理とこれからの方向性が決まってきました。当初は、時間の融通が利きそうなシフト勤務の仕事を考えておりましたが、学生時代に勉強した簿記の知識を活かせる会計事務所へのパートタイムを希望したいと思い始め、まずはもう少しスキルを高めるために職業訓練を受講することにしました。また、職業訓練施設にもキャリアコンサルタントがいたので、いろいろと相談しました。キャリアチェンジのために応募書類作成や面接対策などもしっかりとやりました。時給は思ったよりも安く悩みましたが、この方向性で行こうと決意しました。

行動を起こす（ステップ4）

あとは家から近くの求人をとにかく見つけるということで、ハローワークインターネットサービスは毎日欠かさずチェックをし、また地元の会計事務所のホームページをくまなくチェックをし、いくつかの求人に応募したところ、家から自転車で5分程度の会計事務所に採用が決まりました。1日6時間、週4日、子どもが熱を出したと保育園から連絡があったときなども快く早退を認めてくれる職場だったので、Cさんは気に入っていました。そのため、ここで長く働きたいと思い、所長に相談したところ、社会保険労務士の資格取得を進められました。育児もあり大変でしたが、頑張って勉強し見事に合格しました。パートで働き始めて2年が経っていました。子どもが5歳になり、あまり手がかからなくなった頃、Cさんは正社員登用してもらいました。

『迷子』から抜け出したキャリアデザイン思考のグッドポイント

Cさんは、出産という転機から退職をしました。「親」という役割も増えました。子どもが3歳になり再就職を考え、公的な施設への相談を踏まえ、職業訓練を受講することとなります。

４Ｓ点検では自己（Ｓｅｌｆ）と支援（Ｓｕｐｐｏｒｔ）についてはよく点検しました。また社会理解として、仕事内容や賃金等を確認し、今後のことを考えたときに、まずは家から近い会計事務所でのパートタイムという方向性を明確にできました。その事務所の理解もあったかもしれませんが、Ｃさん自身が事務所に適応するため熱心に仕事に取り組み、資格取得にも積極的だったことから、正社員に登用してもらうことができたのでしょう。

ケース❹

このままこの会社にいても……という将来への不安

Dさん　40代・男性

キャリア略歴

・大学卒業後、大手食品メーカーに就職。人事部に配属される
・将来に不安を感じて離職。学生時代に興味があった人事系コンサルタント会社に転職

就職・仕事・生活状況など

Dさんは、関西地方にある有名私立大学を卒業しました。学生時代には、経営コンサルタントの仕事に興味があり、就職活動のときにはいくつかのコンサルタント会社も受けましたが、内定を得ることはできませんでした。そして、内定を得られた、大手食品メーカーに就職します。入社後、Dさんが最初に配属されたのは営業部でした。その後、30歳のときに人事部に異動になります。給与や待遇などの面では、とくに不満はありませんでしたが、Dさんはだんだん、会社と、そこで働く自分の将来に不安を感じるようになってきました。

Dさんが入社した会社は、創業80年ほどになる老舗企業です。歴史のある企業ですが、会社の経営層は、代々、創業家一族の人間で引き継がれている、世襲制の経営体制でした。これまでに、一族以外の人間が社長になったことは一度もありません。そのせいもあるのか、社内の社風はかなり保守的で、新しいことにチャレンジしようという気風はまったくなかったのです。現在の経営状態は業績も財務も比較的安定していましたが、成長はほとんどしていません。今後、国内人口が減少し市場が縮小していくなかで、長期的な見通しを考えるとあまり明るい展望はなさそうです。

キャリア見直しのきっかけ

人事部に配属されてから気づいたのですが、ここ2、3年で優秀な若手から中堅の社員の退職が相次いでいたのです。会社の人事制度は、年功序列型賃金、終身雇用の典型的な日本型雇用制度で、あまり成果を上げていない高齢の社員にも、高い給与が支払われていました。人事担当であるDさんは、退職していった社員から話を聞く機会もありましたが、どうも若くて優秀な社員ほど、人事制度も含めて、保守的な会社の将来に見切りをつけて辞めていく風潮が見受けられました。これではいけないと思い、上司に改善提案なども行いましたが、受け入れてもらえませんでした。業績は安定しているものの、新しいことへのチャレンジもせず、また、一族以外の人間はトップ層にはなれない会社でこの先も働いていくことに、Dさんは不安を感じるようになってきました。それでも、もしDさんに配偶者や子どもがいれば、待遇のよい会社を辞めるという選択肢はなかったかもしれません。しかし、Dさんは独身でした。また、質素な暮らしを好み、浪費をするタイプではなかったので、これまでの勤務でかなりの貯金もありました。それもあって、Dさんは1年ほど悩んだあとに、退職を決意します。

★キャリアコンサルタントからの支援★

退職前から、複数の職業紹介会社にエントリーをしており、そのうちの1社にキャリアコンサルタントがいましたので、相談しながら進めていきました。

自己理解・社会理解（ステップ1・2）

転職活動を進めていくためには、自己PR等がしっかりと明記された応募書類が重要であることから、まずは自己分析としてビッグファイブ検査とキャリア・アンカーを受けてみました。どうやら自分の性格は、誠実性・外向性が高く、また変化がなくて安定した仕事をずっと続けることよりも、常に変化する、新しい仕事に取り組むことのほうが向いている、起業的創造性タイプ・純粋挑戦タイプであることに気づきます。

そのなかで、かつて学生時代に憧れていたコンサルティング会社での仕事が、やはり自分が本当に望んでいるものではないかと、改めて気づいたのです。

今後の方向性（ステップ3）

Dさんはコンサルティング会社への転職を目標に定めて、職業紹介会社の協力を受けながら転職活動を進めることにしました。コンサルティング会社といっても、大手の総合的なコンサルティング会社から中小の専門分野に特化した会社まで、さまざまな種類があります。

コンサルティング業務未経験のDさんですが、これまでに大手企業の人事部で仕事をしてきたキャリアから、人事コンサルティングの専門会社なら、比較的ギャップが少ないと判断し、そこに目標を定めることにしました。

未経験からの転職になりますので、少しでもアピールできる武器が多いほうがよいと考えましたが、コンサルタント業務に直接結びつく資格などはほとんどありません。Dさんは、総合的に経営のことを理解する必要があると考え、簿記2級を取得。また、比較的得意だった英語力もアピールするためにTOEICを受けて850点を取るなどして、ギャップを埋めるための努力をしました。

行動を起こす（ステップ4）

職業紹介会社から紹介を受けて応募しているのですが、やはり未経験なのですぐには結果が出ませんでした。途中諦めようとも思ったのですが、新たなキャリアデザインを描きたい一心で頑張り、小規模ではありましたが、人事コンサルティングの会社から内定を得ることができ、転職が実現しました。

入社時の給与は前職に比べるとかなり下がりましたが、成果報酬が大きく採り入れられており、結果次第では前職を上回る報酬とすることも可能なので、不満はありません。

Dさんは、日々忙しく働きながらも、新しい仕事でのキャリアを積み重ねています。

『迷子』から抜け出したキャリアデザイン思考のグッドポイント

Dさんは、今後の見通しがないというノンイベントな転機で1年ほど悩みましたが、退職の決意をします。４S点検を通して、自分の特性や価値観を活かした仕事、また学生時代に憧れていたコンサルティング会社への就職を希望し、それを実現するための戦略（Strategies）を中心に考えていきました。

40代になっての未経験職種ではありましたが、最後まで諦めずに活動を行い、待遇面は前職より劣ってしまいますが、Dさんの新しいストーリーが始まりました。

ケース❺

自分のプライドに気づき、軌道修正

Eさん　50代・男性

キャリア略歴

・大学を卒業後、大手自動車メーカーに勤務

・体調不良により休職を経て、退職。地元の中小企業に転職

就職・仕事・生活状況など

Eさんが地方の国立大学の工学部を卒業したのは、1990年のバブル経済が崩壊した不況時でした。就職氷河期とも呼ばれ、就職活動には苦労しましたが、Eさんはもともと真面目な性格で、学生時代もきちんと授業に出席して優秀な成績であったため、第1志望であった自動車メーカーに就職することができました。

入社してから約20年間で、いくつかの部署への異動がありましたが、40代になってからは生産管理部の副部長として、生産工程の管理に携わっていました。ずっと生産現場畑で働いてきたEさんは、生産管理部の実質的なトップであり、生産工程管理のプロフェッショナルとして、生産性向上、業務効率化などに大きな役割を果たしていました。

仕事が好きで、また責任感も強いEさんは、現場にトラブルがあったり、気になるところがあったりすれば、工場に何日も泊まり込んで徹底的に問題解決にあたってきました。結婚して2人の子どももいましたが、まさに「仕事人間」のEさんは、家庭や子育てのことは配偶者に任せきりでした。それでも、Eさんが元気に働いているうちは仕事も、家庭もうまくいっていたのです。

キャリア見直しのきっかけ

40代中盤に差しかかった頃、Eさんは体に異変を感じます。長年の激務がたたって、心臓の血管に異常が生じていたのでした。医師に勧められるままに、Eさんは心臓の血管の手術を受け、その後、半年ほど療養のために会社を休業しました。手術の成功と療養によって、すっかり快復したEさんは復職しましたが、Eさんに与えられた新しいポストは、閑職と呼べるものでした。上司は、「無理をさせてまた倒れられても困るから、しばらくはのんびり働くといいよ」といいます。もちろん、給与等の待遇は以前通りです。しかし、現場で働くことが生きがいだったEさんには、いくら待遇がよくても「窓際」のような閑職は耐えがたいものでした。結局、元の部署、役職に戻れなかったEさんは、1年後、会社の早期退職制度を利用して退職してしまいます。

★キャリアコンサルタントからの支援★

退職金も上乗せがあったことから少しゆっくりしようと思い、退職してから3ヶ月程過ぎてから就職活動を始めました。前の会社は早期退職者への支援として転職支援会社と契約していたので、そこのキャリアコンサルタントに相談しました。

自己理解・社会理解・今後の方向性（ステップ1・2・3）

Eさんは自分で、「現場に精通した生産管理のプロ」だと思っており、再就職先はすぐに見つかると考えていました。かつての自分の仕事やスキルに誇りを持っていたEさんは、再就職先も前職と同様規模の大企業で、また、就業条件も前職と同レベルのものを希望しました。

転職支援会社の担当者からは、年齢的な面を考えても、少し希望を落とさないと再就職先は見つかりにくいだろうと忠告されましたが、Eさんは聞く耳を持たず、大企業ばかりにエントリーを続けました。しかし、実際には担当者のいう通りで、応募書類を送っても多くの場合面接までたどり着けず、また面接が実現しても、条件面などで折り合わず、なかなか再就職先が決まりませんでした。そんな状況が半年以上も続いたなかで、Eさんはキャリアコンサルタントと真剣に話し始めるようになり、自分のキャリアにおいて、本当に求めるもの、大切にしたいことはなにかを考えるようになります。

また、思うように進まないEさんは、会社の規模、待遇などは、自分は転職しても前の会社からキャリアダウンしたのではないという「見栄」を満たすために欲していたものだと気づきました。会社の規模は、自分で行う仕事の内容とはほとんど関係ないはずです。ある程度の蓄えもあるので、収入が多少減っても生活に困ることはありません。それなら、そんな要素を気にする必要はなかったのです。

一番大切なことは、「現場で生産管理の腕を振るって働けること」であり、そうやって働いている姿こそが自分であるとEさんは気づいたのでした。

行動を起こす（ステップ4）

その後、Eさんは就職活動の対象に、中堅規模の企業も含めるようになりました。そして最終的には、Eさんの地元に古くからある、中堅機械メーカーに生産管理部長待遇の地位を得ることができました。前職に比べれば会社の規模も、現場の規模も10分の1程度となる小さな会社です。給与も前職の7割程度までダウンしました。しかし、会社も現場もEさんの経験やスキルを心から求めています。不十分なところが多い生産現場は、腕の振るいがいもあります。Eさんは、自分の経験やスキルが役立つ喜びを感じながら働く、充実した日々を送り始めています。

『迷子』から抜け出したキャリアデザイン思考のグッドポイント

Eさんは、中年期の危機といわれるタイミングで体調を崩し、アイデンティティも喪失してしまいました。転職活動を始めたばかりの頃は「すぐに再就職できる」と思い、キャリアコンサルタントとの相談も真剣に行わずに、とにかく「どこか条件のいい会社の求人を紹介して」

との一点張りでした。ただ、結果が出ないことで焦り、キャリアコンサルタントに今後の不安などを語り始めてから、自己理解や社会理解を通して、自分の状況等を認識し、戦略を立て直しました。その結果、前職と比べればかなり小さい会社ですが、やりがいを感じて働くことができる会社に就職することができました。Eさんは、アイデンティティの危機を認知しましたが、主体的に模索し、再確立することができました。

ケース❻

会社役員から、フォークリフト運転手へ

Fさん　60代・男性

キャリア略歴

・大学を卒業後、地元の商社に勤務。子会社の役員を経て、62歳で退職
・フォークリフトの免許を取得して、家の近所の倉庫で働く

就職・仕事・生活状況など

Fさんが就職したのは1980年代後半でした。英語が得意で、貿易の仕事に興味があったFさんは、地元の老舗の貿易商社に就職します。

何度かの海外赴任なども経て、順調にキャリアを重ねたFさんは、55歳で現場を退いて退職。子会社に専務として再就職し、62歳まで勤めます。給与に加えて、二度の退職金により、十分な老後資金を得たFさんは、経済的には余裕があり、働く必要はありませんでした。

キャリア見直しのきっかけ

子会社では専務待遇でしたが、仕事は上がってきた稟議書にハンコを押すくらいで、実質的な仕事はほとんどありません。そんな生活を続けていたなかで、Fさんは60歳を超えてから、少しずつ体力が衰え始めたと実感していました。一応、子会社には65歳まで勤めることは可能でしたが、実質的に仕事もない状態の日々が続けば、ますます体力の衰えが加速するかもしれません。

そこで定年よりは少し早かったものの、62歳で退職することにしました。

Fさんは、すぐにリタイア生活に入るつもりはありませんでした。経済的には余裕があるので、積極的に働く必要はありませんでしたが、これまで会社の上司や先輩だった人たちを見ていると、早くからリタイア生活に入った人ほど衰えるのが早く、65歳を過ぎても仕事を続けている人のほうが、元気であるように感じていました。

自分も働けるうちは働いているほうが元気でいられると、Fさんは感じていました。

★キャリアコンサルタントからの支援★

雇用保険の給付手続きのためにハローワークに行ったところ、年齢が高くなると再就職は厳しいことはいわれましたが、それも当然だと思っていたので、まずはどのような仕事があるかを確認しました。

自己理解・社会理解・今後の方向性（ステップ1・2・3）

できれば事務などのオフィスワークがいいなと思っていたのですが、有効求人倍率や実際の状況などを確認すると、やなり厳しいのではないかと感じました。シニアの仕事の相談を担当しているキャリアコンサルタントもいたので、その人に相談をしてみました。60歳を超えても事務系の仕事についている人もいるとのことですが、Fさんは健康管理のために働き続けようと思ってもいたので、身体を使う仕事が望ましいと考えました。しかし、ハードな肉体労働はさすがにできません。また、技術や知識がまったく必要ない、本当の単純作業もする気にはなりませんでした。そこで、もともとドライブをするのが趣味だったので、フォークリフトの運転作業員などもいいかなと思いました。フォークリフトの運転には免許が必要なので講習に通って免許を取得しました。長らくデスクワークしかしてこなかったFさんにとって、久しぶりの講習や免許取得は、それ自体刺激的な経験でした。

行動を起こす（ステップ4）

その他の条件としては、家から近いことくらいで、給料についてはこだわることもなく、求人を探し始めました。そうすると、家から歩いて15分ほどのところにある、大手ECサイトの新設された倉庫でのフォークリフト業務の求人がありました。早速応募し、採用していただけました。Fさんは貿易会社子会社の専務から、フォークリフトの運転作業員にキャリアチェンジをし、週4日働いています。心なしか、体の調子もよくなってきた気がしており、可能であれば70歳くらいまではこの仕事を続けたいとFさんは考えています。

『迷子』から抜け出したキャリアデザイン思考のグッドポイント

60歳近くなると役職定年、出向、定年、再雇用などもあり、アイデンティティを喪失してしまうような出来事が多くありますが、これは多くの人が経験するものなのです。Fさんはそれをしっかりと認識しており、対応できるように心の準備はできていました。その結果、自分は何のために働くのかということを意識して、前職専務という肩書を気にすることなく、フォークリフトの運転作業員として働くことを決意しました。週4日の勤務ですから、余暇の時間もあり、Fさん自身は納得して働いており、老年期における危機に備えることができました。

おわりに

本書は、普通の人のための本です。

また、「誰もがキャリアで悩むことがある。だから気に病むことはない」というようなメッセージを込めている本ではありません。

上昇志向を持ち、社会的に成功したい、とか、より高い給料、よりよい待遇を求めて自分を高めるとか、そういったことが性に合わないという人のほうが、実は世のなかには多いのではないかということです。

かといって、その人たちはすべてを諦めてしまったわけではなく、仕事を頑張りたい時期もあるし、趣味や家族のことに専念したい時期もある。そのような働き方・生き方が叶うことが、普通の人が幸せになるための条件ではないかと私は考えています。

そのためには、キャリアダウンという選択肢をきちんと据えておくことが大切です。人生にはいろいろな出来事があり、世のなかのあり方も刻々と変化しています。仕事におけるキャリアだけを軸に生きていくのでは、やはりどこかで無理が生じて、普通であれば行き詰まってしまうことでしょう。

おわりに

現在、キャリアについて学ぶための本には、専門書、キャリアコンサルタントの資格取得本、大学でのキャリアデザイン科目の教科書などがあります。書店に足を運べば、一般向けの書籍は、どちらかというとバリバリ系のキャリアップを目指すものが多く、キャリアダウンを肯定してくれるような本はありません。私自身、もともとはバリバリ仕事をしたいタイプだったこともあり、転職するのであれば、それこそ「キャリアアップするべき」と思っていましたし、そのような本もたくさん読んできました。

しかし、私も含め大半の人が経験するようにキャリアについて悩んでいる時期には、ポジティブなエール満載の書籍はとても手に取る気にはなれないし、逆に追い詰められてしまう可能性もあります。そんなキャリア迷子の方々の気持ちが少しでも楽になるような本を作りたいと思い、本書を出版するに至りました。

人生そのものがキャリアです。このことを忘れずに、より広い視野を持ち、自分らしい人生のストーリーを描いていっていただければと思います。

……と、もっともらしくまとめていますが、実はまだまだ私も、キャリア迷子です。今までの人生は決して順風満帆ではなく、挫折もあり、今この瞬間も悩んでいることがあります。ただ、知識や理論を学ぶことで、自分だけが悩んでいるのではなく、他の人も同じように悩みながら生きているんだと思えて、少し肩の荷が下り、ストレスフルな状況も緩和することができています。

とくに私は、クランボルツ教授の「計画された偶発性」という理論に感銘を受けました。これまでを振り返ってみると、偶然の出来事をうまく活用し、いまがあるのではないかと思います。それは、人との出会いもそうですが、本との出会いもまたしかりです。

さて、本書との偶然の出会いはいかがでしたでしょうか？

この本が皆さまにとって、そのような存在になれたのであればこんなに嬉しいことはありません。

読者の皆さまのこれからが、より豊かに、より幸せになるよう願っています。

小林　さとる

キャリア迷子

自分らしく働けない人のための「生き方提案」

発行日　2023年1月27日　第1刷

Author　小林さとる
Illustrator　tama
Book Designer　krran（西垂水敦、松山千尋）

発　行　ディスカヴァービジネスパブリッシング
発　売　株式会社ディスカヴァー・トゥエンティワン
〒102-0093　東京都千代田区平河町2-16-1 平河町森タワー 11F
TEL　03-3237-8321（代表）　03-3237-8345（営業）
FAX　03-3237-8323
https://d21.co.jp/

Publisher　谷口奈緒美
Editor　村尾純司（編集協力：浅野目七重）

Sales & Marketing Group
蛯原昇　飯田智樹　川島理　古矢薫　堀部直人　安永智洋　青木翔平　井筒浩　王廳　大﨑双葉　小田木もも
川本寛子　工藤奈津子　倉田華　佐藤サラ圭　佐藤淳基　庄司知世　杉田彰子　副島杏南　滝口景太郎
竹内大貴　辰巳佳衣　田山礼真　津野主揮　中西花　野﨑竜海　野村美空　廣内悠理　松ノ下直輝
宮田有利子　八木眸　山中麻吏　足立由実　藤井多穂子　三輪真也　井澤徳子　石橋佐知子　伊藤香
小山怜那　葛目美枝子　鈴木洋子　町田加奈子

Product Group
大山聡子　藤田浩芳　大竹朝子　中島俊平　小関勝則　千葉正幸　原典宏　青木涼馬　伊東佑真　榎本明日香
大田原恵美　志摩麻衣　舘瑞恵　西川なつか　野中保奈美　橋本莉奈　林秀樹　星野悠果　牧野類　三谷祐一
村尾純司　元木優子　安永姫菜　渡辺基志　小石亜季　中澤泰宏　森遊机　蛯原華恵

Business Solution Company
小田孝文　早水真吾　佐藤昌幸　磯部隆　野村美紀　南健一　山田諭志　高原未来子　伊藤由美　千葉潤子
藤井かおり　畑野衣見　宮﨑陽子

IT Business Company
谷本健　大星多聞　森谷真一　馮東平　宇賀神実　小野航平　林秀規　福田章平

Corporate Design Group
塩川和真　井上竜之介　奥田千晶　久保裕子　田中亜紀　福永友紀　池田望　石光まゆ子　齋藤朋子　俵敬子
宮下祥子　丸山香織　阿知波淳平　近江花渚　仙田彩花

Proofreader　小宮雄介
DTP　辻井知
Printing　日経印刷株式会社

ISBN978-4-910286-14-3